人人都可以马拉松

丁祖昱
曾朝恭 杨杰 顾怡雯 著

上海人民出版社

序

>跑步开启全新人生

除了专业，我最喜欢做、最乐于谈论的就是跑步，我想跑到80岁甚至更久远。

和绝大多数普通人一样，我读书时也曾惧怕过三五千米的长跑，毕业后也不再运动，体重一度达到87公斤，健康状况也随之出现问题。2013年年末我通过节食加有氧运动，在三四个月里成功减重15公斤。体重达标后必须要做的是保持，但是相较于快速减重，保持减肥成果更为艰难。此时，坚持跑步从而由90公斤减到70公斤的臧建军（易居中国创始人之一）将我领进了跑步的新世界。

2014年刚开始跑步时，我也只是“瞎跑跑”，最多七八公里，到2014年五六月份，我加入了刘爱明（中城新产业CEO）的跑群“爱马士”，耳濡目染之下，我开始挑战之前从未想过的马拉松。轻松完成上半年的上海半程马拉松后，我专门找了教练，为2015年1月的厦门马拉松做准备。从初次尝试马拉松到跑进国家专业二级运动员标准，我只花了13个月。通过有规律的跑步，我的体重此后一直维持在70公斤左右。从乐跑到严肃跑者，我觉得是性格使然，如果平时做事认真严肃，跑起步来就也是这样。

跑步的好处不仅局限于身体健康，用脚步丈量城市也是一大乐事。现在我每周跑60—70公里，在上海时大多都是在健身房跑，到外地则会选一个好的环境去跑，特别是在国外，跑步可以让自己重新认识那个城市。

我也不将跑步凌驾在工作之上，但跑步带给工作的益处简直不胜枚举。早上跑完步上班的感觉相当好，大脑供氧特别集中，脑子非常清醒，处理棘手的事时心情也好，下午不会犯困，工作效率也高。通过跑步，我不断超越自己，工作当中也有信心，完全有精力、体力和能力去应付所有事情。

所以，跑步的意义就是让自己的一切呈现出恰到好处的状态，在兼顾事业和家庭的同时，控制体重，身体变好，也有更多的成就感，而这种积极的力量又会反射到工作中。跑步的魅力就是在无数次撕裂自己、接近极限时获得对自身的重新认知，学会与自己独处，得到一种可贵的自省和重塑。而支撑跑步的身体各项机能就如同爱人一般，你需要持之以恒地与之温存，不可冷落，不能急于求成，花时间精力深入了解、费心经营，它就会给你回应。

>从独乐乐到众乐乐

在热爱马拉松的人中，我是幸运的，成绩提高得很快，从第一次厦门马拉松的3小时56分到13个月后东京马拉松3小时05分，达到二级运动员水平。再到8个月后芝加哥马拉松2小时58分，全马“破三”。这一过程中很多人给予了帮助，因此效率较高，弯路走得较少。成绩是不可能永无止境地提高的，我的心态也自芝加哥马拉松“破三”后开始发生了变化，不再把PB（个人最佳成绩）当做目标，而是希望能够跑得更快乐、轻松，并且想把我的经验分享给更多的人，让更多的人享受到跑步带来的益处和愉悦。

为了带动更多人跑步，在我们易居，我和臧建军组织起了易居跑团，总部就有约300人，全国各地成立分舵，加在一起目前已有3000多人。我还成立了房地产业内的跑团，辐射更多的人群，比如易居沃顿研修班的we run跑团有100多人，四届下来有四分之一的学员都参加了这个跑团。

2016年开始，连续两年易居中国赞助了上海马拉松的房地产赛中赛，吸引了30多家房企组建了40多支队伍，有近200人参加，在房地产跑团中有了很大的影响力。这也正是我的初衷——影响更多人去健康、快乐地跑步。

>用一本书来奔影响更多人跑步

成立跑团、组织比赛、赞助马拉松，我觉得还远不够，如果想影响更多的人，出一本书是一个很好的方式。

我之前在跑步过程中看了很多马拉松相关的书籍，各有特色。但我想做一本这样的书，能让还没迈开腿的人按着书上的指导很快入门，甚至成为精英跑者。2015年就想编这样一本书，在2016年，我们用大数据的方式，很快编纂出《马拉松人人都可以》这本书。因为当时急于想把这本书推出来，希望它是一本包罗万象的马拉松教科书，但在这个过程中发现了书里还存在的一些问题，包括一些跑友也提出改进的建议，所以这一次重新再版对全书的框架做了一个比较大的调整。

现在这本书从第1章谁可以跑马拉松开始，第2章列出了马拉松的科学训练方法以及马拉松训练计划，第3章教大家跑一场完美的马拉松比赛，第4章关于如何面对马拉松的伤病，包括预防和治疗，到最后一章马拉松的百科全录。原来很多的数据、表格、图片、排版都做了比较大的调整，从某种程度上来说实际上是又一次全新升级。

在这一过程中要感谢很多人：感谢曾朝恭、杨杰、顾怡雯三位作者对本书专业知识的提供和把控。原来参与第一版编写的李然、黄甜、罗雯，在本次修订版中也作了很多贡献。还有易居（中国）设计部的金涛、林雯、刘康、刘筱璟对本书的设计排版。另外也要感谢自媒体跑步达人“走走”对知名跑者的采访。“跑者说”中邹春洋、夏文杰、苏进平、赵文龙、小苏、吴洋、陈龙、杨帅、牟振华、王乐、周其祥、丁丁runner、米高、斯国松、徐龙、毛大庆、游培泉、冰冰龙、柳毅、郝双燕、李伟、小麦、kaka、冯子鹏等跑者提供的跑者经历。

这样一本包罗万象、事无巨细的关于马拉松的图书，就是给普通人看的。奔跑是没有终点的，但我希望和大家一起以这本书作为奔跑的起点。如果在跑马拉松过程中，这本书能对你有所帮助，对我来说就是很欣慰的事。

Contents

Contents

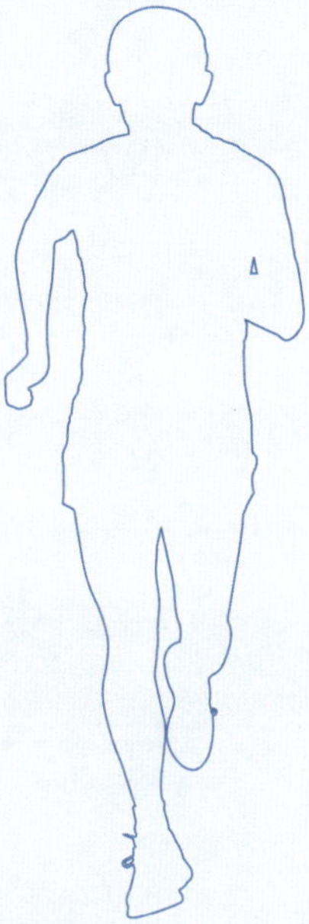

第1章
CHAPTER ONE

人人都可以跑马拉松

前言

2016年，在中国田径协会注册的马拉松及相关运动赛事达到328场，较2015年134场增加了近1.5倍，是2011年22场赛事的近15倍。全年参加比赛的总人次近280万，较2015年增长130万，是2011年40万参赛人次的近7倍，再创历史新高。伴随着近几年中国参与马拉松运动的人数增长，跑步赛事井喷，马拉松的热潮席卷全国，发展速度非常之快。运动本身是一件好事，但在全民参与跑步这项运动的同时，也出现了很多非议和问题：

跑步是否伤膝盖？

跑步会不会猝死？

跑步，该怎么跑？

跑步需要哪些装备？

如何制定训练计划？

如何完成第一场马拉松？

……

带着众多疑问，我们开始了这趟科学运动及品格修炼之旅。希望大家读完这本书可以学会如何科学地开始跑步，并完成自己的第一个马拉松。

易居跑团

丁丁说

相信自己，人人都可以跑马拉松。

很多人都知道，我是为了减肥开始跑步的。在公司同事的鼓动下，从2014年初开始跑步，从此一发不可收拾。从最开始跑几分钟就喘、1公里就累，到之后能顺利跑完半程或全程马拉松，达到全国马拉松二级运动员标准，最终跑进三小时以内。这一切发生在两年内，真是奇妙无比的变化，变化的不仅仅是速度、距离、时间，更是身心的健康、和谐与快乐。

2015年1月3日，我在厦门完成了人生第一次全程马拉松，自测成绩在3小时56分31秒，实现了“首马进四”的目标，至此开启了我的马拉松征程。

> **2015年7月24日，旧金山马拉松3小时27分，破3小时30分**

> **2016年2月28日，东京马拉松3小时05分，达到二级运动员标准**

> **2016年10月9日，芝加哥马拉松2小时58分，全马破三**

马拉松不是一项取巧的运动，自身实力才是决定性因素。说这些是想告诉大家，每个人都能跑步，马拉松不是极限运动，要相信自己的能力和潜力。人的身体很奇妙，不断开发体能和机能就是自我提升的过程。

PART 1 跑马拉松的那些人

本书以问卷的形式进行了一次调研，共获得746份有效问卷。针对普通跑友的常规问题进行了问答，参与调查问卷的所有样本中男性为545人，占比73%，女性人数为201人，占比27%。现将相关问题列出，仅供跑友参考。

在跑马者职位统计中，政府/机关干部/公务员（包括基层及中高层管理者）人数占比近半，达350人，占比47%。

图1-1　马拉松调查样本职位分布

- A.在校学生
- B.企业管理者或政府/机关干部/公务员（包括基层及中高层管理者）
- C.普通职员（办公室/写字楼工作人员）
- D.专业人员（如医生/律师/文体/记者/老师）
- E.普通工人（如工厂工人/体力劳动者）
- F.自由职业者
- G.退休
- H.其他

在跑马拉松者跑龄的统计中，坚持跑步两年及以上的人有510人，跑龄1—2年的人数占比最高，为26%，其次为2—3年的占比20%。

图1-2 马拉松调查样本跑龄统计

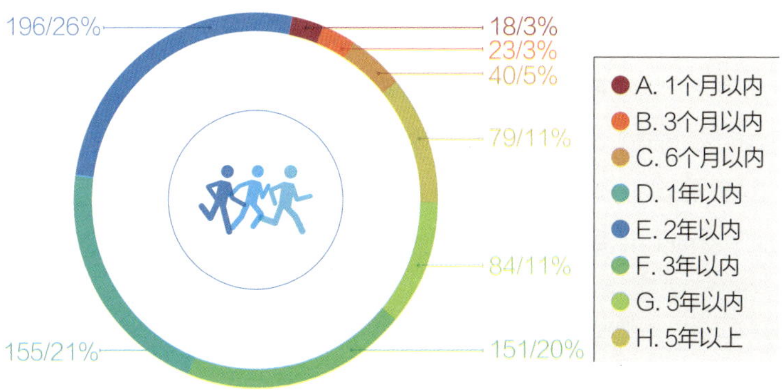

从月跑量来看：725个样本中，月跑量100—150公里人数最多，为188人；月跑量150—200公里人数为138人；月跑量201公里以上人数为100人。

图1-3 不同跑龄段每月跑量统计（人）

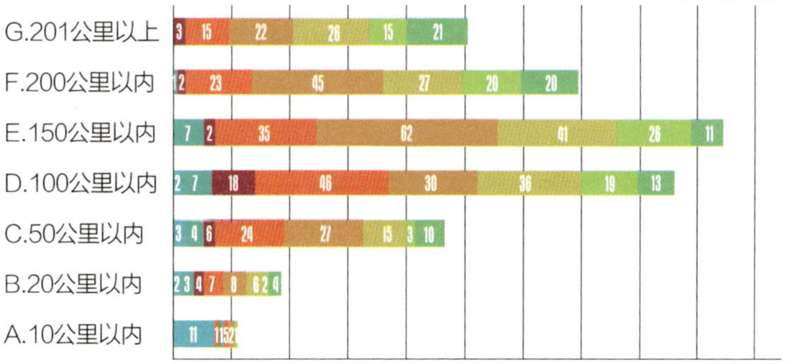

跑龄在两年及以上的跑者在越高的月跑量中占比越大，跑马拉松新人还需努力。

图1-4　2年及以上跑龄占比

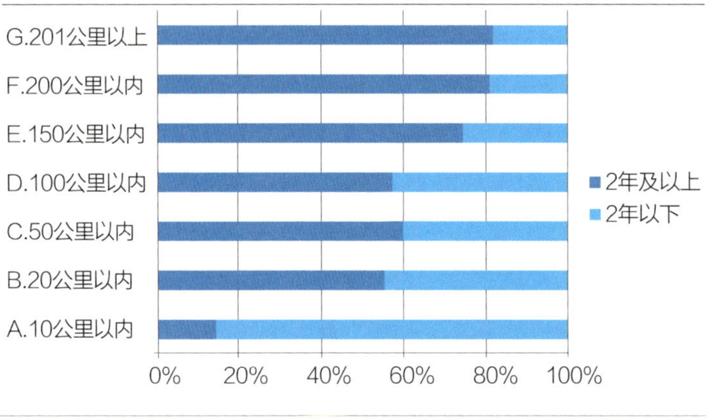

平均配速①：746个调查样本中，545—600配速区间占比最高，为18%；515—530配速与530—545配速占比均为13%；340—400配速占比最低，仅1%。其中500—600配速区间为主体，占比53%。

图1-5　平均配速统计

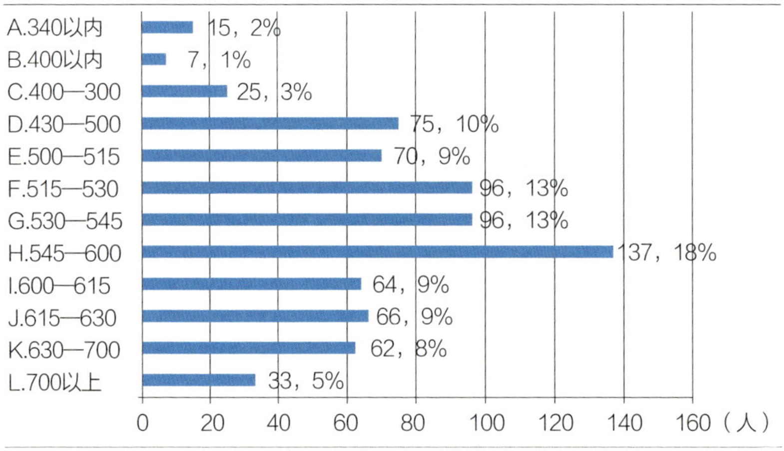

① 平均配速为每公里使用时间，如每公里5分45秒，简化为545。

各跑龄段内配速分布与整体情况保持基本一致。除跑龄一个月以内及2—3年区间段，545—600配速在各跑龄段占比均为最高。最快的340以内配速在5年以上跑龄段中表现更为明显。

图1-6 各跑龄段平均配速统计

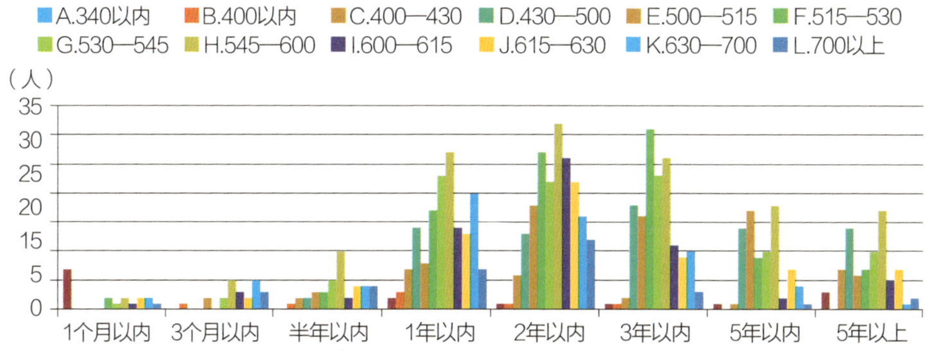

首次全程马拉松成绩：完成首次全程马拉松成绩在4小时31分—5小时区间的人数最多，其次为4小时01分—4小时30分区间。最快的首马成绩为2小时59分，最慢的首马成绩为6小时30分。

图1-7 首次全程马拉松成绩

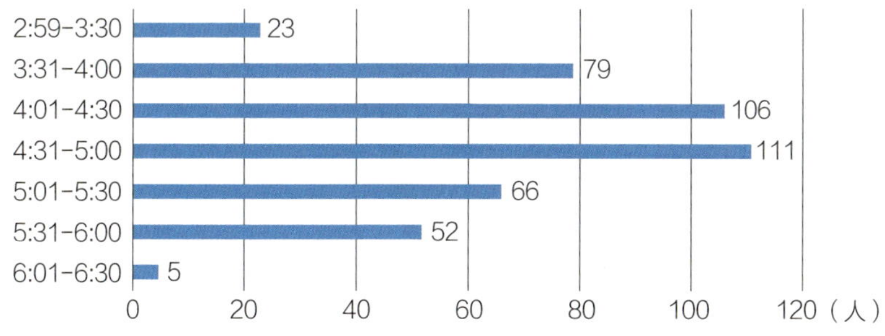

首次半程马拉松成绩：在2小时01分—2小时15分区间的人数最多，其次为1小时46分—2小时00分区间。最快的半程马拉松成绩为1小时5分，最慢的半程马拉松成绩为3小时15分。

图1-8　首次半程马拉松成绩

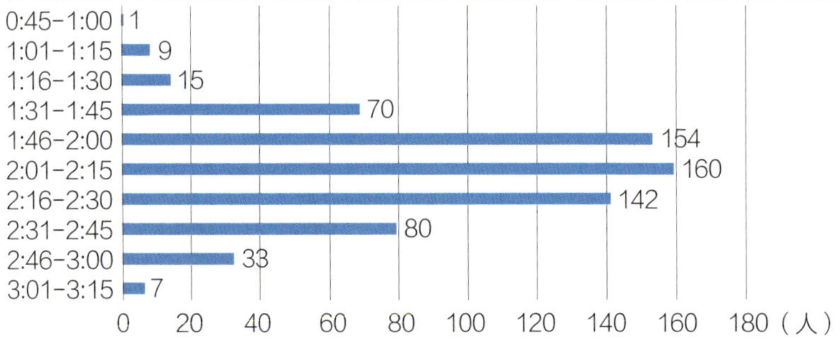

参加马拉松赛事次数：跑过3次全程马拉松的人数最多，10次及以上的人数占比10%。

图1-9　马拉松调查样本跑龄统计

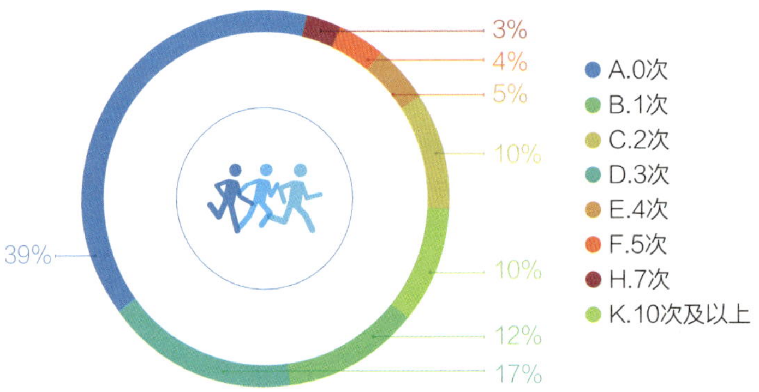

跑过3次半程马拉松的人数最多，14%的人跑过10次及以上半程马拉松。

图1-10　马拉松调查样本跑龄统计

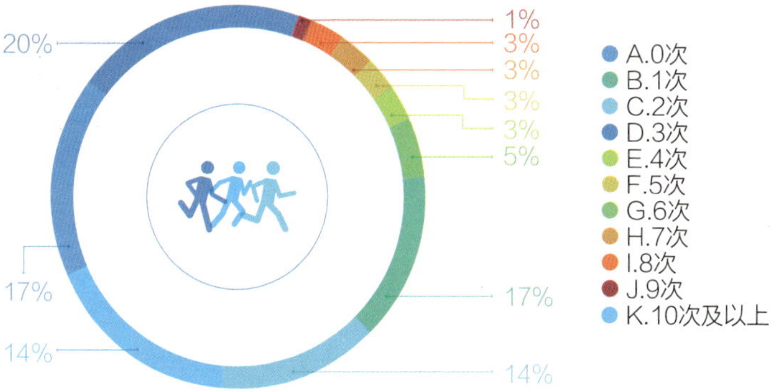

从746份问卷样本来看，中国马拉松运动仍然处在刚刚兴起阶段，但发展速度很快。跑步的人群遍布各行各业以及各年龄段。男性与女性比例为3：1。从完成首马（全马、半马）的训练准备来看，大多数从零基础开始，跑龄较短。但经过一定时间的系统训练都可以完成马拉松。

· 代表人物

布道跑者——田同生

田同生，跑哪儿科技公司联合创始人，跑步界人称百马大叔，跑步布道者。

田老师从55岁开始跑步，直至2017年6月他已经完成了88个马拉松，2017年底计划完成100个马拉松，成为60岁以上完成马拉松大满贯赛事的中国第一人。

刚开始跑步时，田老师也吃了不少苦头。“从我的经历来看，跑步是不需要天分的，它最需要的是耐力。”他每天早上五六点钟起床，在小区跑10公里，然后送女儿上学。力量训练也是做完家务活后才去做。

2010年，他在厦门完成了个人第一个全程马拉松，耗时5小时34分12秒。报名首马时听别人说自己年纪已大，他心想趁现在跑一次，这辈子就够了。田老师带着这样的心态跑了自己的首个马拉松比赛。他回忆说，当跑完30公里时，想死的心都有了。但跟别人吹了牛，要完成比赛，跑不动就只能走，可是发现走比跑还累，脚痛得根本走不了。田老师是个很有使命感的人，既然跑了，再艰难还是完成了比赛。马拉松运动是不达目的不罢休的项目，不管是普通人还是精英都需要目标，并且为了达成这个目标而努力。

开始推广马拉松的时候，田同生的计划是“跑 100 个马拉松”，并“说服 100 个有影响力的人跑马拉松”。而今他的计划有变：“我现在的计划是在 100 个城市推广马拉松。通过演讲推广马拉松。”此外还包括另外“两百”：“推动 100 个企业跑马拉松”和“推动 100 个学校跑马拉松”。他说，“既然跑马拉松给我带来健康和活力。我就应该把自己对于跑马拉松的体验和心得积极加以推广，让不跑步的人跑起来，让不健康的人变得健康。做一个像传教士布道那样去推广马拉松的人”。

• 代表人物

减重跑者——臧建军

臧建军，易居中国创始合伙人。他是“快乐跑”的典范，不追求配速，不追求距离，只单纯享受跑步带来的快乐，以及对身体和精神带来的日复一日的改善。

他用了三年半的时间戒烟，曾经的他每天要吸五六十根万宝路。三年多的戒烟历程，让臧建军变成了一个将近200斤的胖子，他通过不断跑步才甩掉了身上的赘肉。现在体重降到140多斤，还通过力量训练，练就了一副好身材。

2013年，臧建军开始跑步，当时工作的压力和不良生活习惯给他的身体带来了很多问题，胆固醇高、心肺功能不好等，想通过运动来减肥。他选择了跑步，偶然一次在户外散步，走着走着就自然而然地跑起来了，当时感觉外面的世界让他找到了坚持下去的动力，有很多美好的事情就发生了。比如，可以用自己的脚把太阳“踩”出来；跑过了很多小时候走过的路；或者在下一个路口会有什么不知道的美景与你邂逅；随着跑步的路程越来越长，让你对这座城市有更多的认识。

臧建军的首马是非常戏剧性的一次经历。他选择在马拉松运动的发源地——雅典，也是日本著名作家村上春树的首马地完成自己的首次全马比赛。这本应该是一次完美的马拉松，但他用“人生是不可预设的”总结了这次马拉松的感受。比赛前已经将4小时完赛的感想都预先准备好了，但跑到15公里时发现手机遗忘在10公里处的厕所里，来回取手机的路程比全马多跑了近10公里，最终以5小时30分跑了一场52公里的超长马拉松比赛。这个故事也告诉大家，人生的第一次马拉松是与众不同的经历，紧张必不可少，成功的、失败的经验对以后的马拉松比赛都是珍贵的积累。

· 代表人物

减压跑者——毛大庆

毛大庆，优客工场创始人、董事长，万科集团外部合伙人；原万科集团高级副总裁、万科北京区域首席执行官兼北京公司董事长。

我觉得用鸡汤一点的语言来说，人到中年以后得找一两样激励自己的东西。我从来没想过疯狂地爱上跑步。曾经做过一项测试，说我是个绝对远离运动的人。而现在对于跑步，已经到了不让我跑就跟你拼命的程度。说起跑步还有一个特别好的结果，你的孩子会对你无比钦佩，觉得你还能做一项极限运动。

我跑了51场马拉松，没有一次退赛，没有一次放弃，没有一次受伤。印象最深的马拉松——首尔马拉松，绝对是我人生的里程碑。2016年我给自己订了一个计划，到50岁的时候能完成100个马拉松。但有次滑雪时三根韧带划断了两根，回到北京各种高明的大夫看了一遍，结论是今年你就废了，以后能不能跑也不知道。

修养一个月以后，快40天的时候，我跟田同生老师说“给我报一个马拉松”，他不知道我的情况。我在首尔见完客户，然后为首尔马拉松做准备，做了各种防护。比赛时田同生老师陪着我跑完10公里，自我感觉还行，又再来了10公里，就这样以最慢的成绩5小时38分把首尔马拉松跑完了。在终点看到张晓英，她说你一拳打破了自己的天花板啊！这句话我听完心情非常愉快。就像小马过河的道理一样，谁的也别听，听你自己的。截止到2017年10月我已完成了66个马拉松。

• 代表人物

高龄跑者——罗广德

一名普通的跑步爱好者，75岁开始跑步。

跑步是健身最好的生活方式，增强体质，锻炼毅力。这是77岁的罗广德对跑步的理解，也是他开始跑步的理由。他给出了跑马的四个原因：一是健身，二是励志，三是磨练毅力，四是广交跑友。跑步已成为罗广德生活中不可或缺的事情。跑步近两年来，以前的中度脂肪肝、胆固醇及甘油三脂偏高、体重轻微超重等指标都正常了。

第一次跑马拉松是他76岁时于2015年3月22日参加了重庆国际半程马拉松，在双胞胎儿子的亲情陪伴下完成的。

第一次全马是2016年2月13日洛杉矶马拉松，最后以5小时51分完成比赛，在75岁到79岁完赛的28人中，排第6名。

他用精神和行动告诉人们，马拉松人人都可以跑。跑步使人健康，并由内而外散发一股正能量，坚持、毅力是我们在他身上看到的最闪光的地方。

· 代表人物

天赋跑者——“小卡”马妍星

“十年过去，跑步对我而言，早已变成一种习惯。”仿佛吃饭、喝水一般，已然是生活中必不可少的一部分。

小卡跑步可以追溯到10年前，只不过那时是在健身房的跑步机上跑。正式开始加量、路跑是从2013年开始的，现在基本保证一周5次，月跑量维持在300公里左右。作为一家网络设备进出口服务公司董事长的她，工作繁忙程度也能想象一二，生活节奏也极其的快，但即便如此，她仍然能始终坚持跑步。

小卡的跑姿并不标准，圈内也有人质疑她的野路数，但这人就是有这么一股子执拗劲儿，自己认定的事情，从未动摇过。2014年，在刚刚开始涉足马拉松一年的时间里，她就创造了许多男性都难以达到的神话：3小时27分。2015年北京马拉松创造自己的PB：2小时50分。这个成绩很多男性也是难以企及。除了马拉松，小卡在越野赛中也多次夺得冠军。特别是在2017年9月的UTMB168公里比赛中，以29小时56分获得世界女子第12名。

小卡也认为，马拉松没有捷径，跑量是基础，一分耕耘一分收获，因为天赋因素，她的经验在朋友中是出了名的“不可取”，但是她却强调了练习核心很重要，核心决定你能跑多远。跑步影响了她的人生，让她认识了更多人，她也愿意让更多人跑起来并为之付出自己的力量。

• 代表人物

坚持跑者——“云南牛人”马亮武

17岁的他为了改变身高，开启了跑步之路，这一跑就是整整31年，跑步里程近14万公里。

33年前，17岁的马亮武身高只有148厘米，体重36公斤，为了长高他从体育老师那里获得了“多跑步多吃饭”的“人生真谛”。就这样，第二天早上5时，马亮武迎着晨光出发，开启了自己的跑步生涯。而每天5时早起跑步的习惯也一直保持到今天。

2006年首秀厦门马拉松，他就以2小时59分28秒完赛，在两万五千名参赛者中脱颖而出（第122名）。第一次参赛，马亮武一跑成名，从此获得了“云南牛人”的称号。此后的十多年，“云南牛人”支持每天跑步，并成为国内跑得最快的六大满贯跑者。全马PB：2小时34分。

“跑步其实是一种生活方式，一个想要改变自己身心的人，要从一个个触手可及的好习惯做起，比如早睡早起，比如循序渐进地增加跑量，进而达到对身心的修炼。”多年的跑步不仅锤炼了马哥的身体，也将他的心性打磨得自信从容。遵循自然法则，万事开头难，有了良好的开始，再循序渐进。不要让身体无法承受心里所想要达到的要求和目的。他个人建议跑步爱好者，把跑步当作生活中一种良好的生活方式，反而会更能坚持下去。

PART 2

九大跑步益处

746个调查样本中，有588人认为跑马拉松能够改善体质，568人赞同跑马拉松对于挑战自我颇有裨益。

从整体上来看，跑马拉松益处的认可程度由高到低排序为：改善体质、挑战自我、提高活力、减压、增添快乐、增加自信、减重、丰富社交、改善生活习惯。

选择跑步的理由有很多，归根结底是喜欢。我们常常说如果对一件事情没有兴趣，你很难坚持做下去。如果对跑步没有热爱，就不会几年甚至几十年如一日地坚持这项运动。

TOP1 改善体质

长期跑步能保持正常血压。据研究，每周跑约16公里的人比每周跑步不超过约4.8公里的人患高血压的几率低39%，患高胆固醇的几率低34%。并且在所有有氧运动中，跑步强壮骨骼的作用最明显。跑步还能使肺的容量平均从5.8升上升到6.2升，同时，血液中氧气的携带量也会大大增加。

长期跑步可以促进白细胞等的生成，消除体内的病毒和细菌，降低得中风的风险。经常跑步已经成为医生对那些容易引发或已经处在早期骨质疏松、糖尿病、高血压病人的治疗建议。

TOP2 挑战自我

如果说跑步最大的益处先是身体层面的，那么紧随其后的就是精神层面的益处。马拉松的意义是超越极限，挑战自我。跑步的过程不仅仅是锻炼身体，马拉松的意义是在困难中坚持，考验人的意志和毅力，在身体健康允许的情况下突破自我极限。为马拉松比赛备战的训练，也是一种意志与毅力的挑战，日复一日重复的跑量积累、力量训练都是为了在比赛中能跑出好成绩。在比赛中，克服天气、身体等各种问题，坚持完成42.195公里都是对自我的挑战，展现了人格魅力。

TOP3 提高活力

跑步能增加人身体新陈代谢的功能。坚持跑步可以增加食欲、促进胃肠蠕动和血液循环、促进消化腺分泌，增强人们消化食物和吸收营养物质的能力，促进整个人体的体液循环和全身新陈代谢，增强活力。跑步还能增加肌肉量，保持关节灵活，延缓各个系统功能的衰退速度，保持身体活力。还可以增强皮肤血液循环，改善皮肤的结构功能，起到美容护肤的效果。跑步增大肺活量，随着肺内气体得到充分交换、血液含氧量增多，能量物质的氧化过程得以完善，我们全身的新陈代谢也将得到促进。

每周跑约56公里的人，随着年龄增长而视力退化的几率比每周跑约16公里的人低54%。研究人员以一组英国人为对象进行了一项调查，被调查者一天进行了锻炼，另一天没有锻炼。参与者都反映进行锻炼的那天犯的错误较少，注意力更集中，工作效率更高。

TIPS

跑马小贴士

马拉松延年益寿的效果最佳

现年76岁、已于4年前退休的美国医学博士、加州医生罗辛，有一大帮七八十岁的训练老伙伴，其中大多数人似乎都很健康——至少在他看来如此。为了验证自己的看法，罗辛医生决定采取进一步行动：收集整理这些老跑友的寿命资料。

罗辛的研究对象是当年这些严肃跑者中的54人。他们有很多已经跑过上百个马拉松，外加一些超马。这54名研究对象已有18人去世，平均终年81岁。主要死因是癌症——有7人因此死亡，平均享年77.2岁；另有5人死于心脏病，平均寿命86岁。在36名健在者中，17%存在某种形式的心脏疾病，平均年龄76岁；而美国这一年龄段男性的心脏病患病率为34.5%。结论是，罗辛医生的马拉松跑友比同龄美国男性（1975年年满40岁的成年人）平均多活19岁。

TOP4 减轻压力

有研究表明，及时减压、消除沮丧心情，最好的办法就是跑步。大多数压力大的人和较强负面情绪者都会缺乏运动，而跑步是有氧运动，除了身体得到锻炼之外，还能分散注意力。跑步时，身体会获得新的感受，这种感受会使人忽略原本心理压力与心情沮丧而引起的不适。由于脑神经元中缺乏副肾髓质以外组织分泌的激素，跑步时，该激素增加，跑步后，分泌量还能增高，所以能消除人的沮丧心理。另一方面，人专注于跑步本身，可以放空大脑，使其得到短暂休息，有利于重新投入工作与生活。

TOP5 增添快乐

跑步时，身心会感到轻松愉悦，跑步后，愉悦感一直持续，使你没理由的感到快乐。正是这种愉悦感，让万千跑友爱上跑步。这种愉悦的力量来自两大“快乐因子”——内啡肽和多巴胺。内啡肽被称为“天然快乐之源”，能缓解疼痛、增强耐受力、调节情绪。在内啡肽的激发下，人的身心处于轻松愉悦的状态中，因此内啡肽也被称为“快感荷尔蒙”和“年轻荷尔蒙”。另一个“快乐因子”是多巴胺。多巴胺在大脑内主要负责传递让人感觉愉悦的信息，运动增加，释放量也会增加。

TOP6 增加自信

慢跑像其他一些单人运动一样，可以增强你的自信心。当你达到越来越高的目标，让自己变得更强大时，会更加肯定自己。跑步让你意识到你的身体已经更加强壮、更加有用，你会有被赋予力量和自由的感觉。

TOP7 降脂减重

很多人开始跑步的目的是为了减少脂肪，特别是一些女性跑者。而跑步作为最有效的有氧运动之一，确实是最安全健康的。跑步更多的是一种有氧运动，低强度的有氧运动可以有效地燃烧脂肪和消耗热量。另外脂肪燃烧的时间在持续运动30分钟以后，所以想要通过跑步减肥一定要时间够长。

TOP8 丰富社交

跑步已经由个人爱好、群体爱好，成功演化为一个社交的平台，或者说，跑步者会不知不觉加深与跑友的交流。跑步曾经只是一项单纯的运动，但现在，它对于许多人来说已经成为一种社交的方式。在朋友圈分享自己的跑步成就、加入跑团与众多的志同道合者交流、全国甚至全世界去报名参加各种半程或者全程马拉松赛……跑步已经不再是一项孤独的运动，而成为一种时尚的社交方式。

TOP9 改善习惯

人的精力是有限的，但是习惯却是固定的，如果把跑步养成习惯将有效地抵御其他坏习惯对你生活的破坏力，比如抽烟、酗酒或者贪吃，通过跑步你会变成一个快乐、健康的人，把好的习惯加入你的生活。

TIPS

跑步小贴士

“跑步者高潮”你体验过吗？

经常锻炼的跑者常常会感到心情特别舒畅，浑身充满能量，动作格外轻松，好像能够一直跑下去。那一刻头脑中没有任何杂念和烦恼，完全沉浸于跑步中，忘却自我，这种在跑步中显现的愉快体验，被称为“跑步者高潮”。

触发“跑步者高潮”的因素有内啡肽，作为一种天然的镇静剂，内啡肽的作用和人工合成的吗啡很相近。几十年来，跑者们将自己在奔跑时感受到的快感都归功于它。跑者并不需要跑得极其痛苦才行，只要找到一个平衡点就可以感受到内啡肽效应。与此同时，另一个触发高潮的是内源性大麻素。被研究最多的内源性大麻素是乙醇胺，被认为能给人带来平静的感觉。几乎所有的细胞都能释放内源性大麻素，这就意味着内源性大麻素可能会给大脑带来更强的影响。

需要跑多长距离或是多长时间才能体验到“跑步者高潮”呢？对于这个问题，现在还没有得出精确的结论。根据相关研究，对跑者进行口头调查，一般在开跑20分钟之后，在挑战和痛苦间寻找平衡——达到奋力却未竭力的状态，才会体验到高潮的感觉。

第2章
CHAPTER TWO

马拉松的科学化训练

前言

天生就会跑，跑步是人类的天性。但想要跑一场42.195公里的马拉松，并非那么简单，一定是要有非常充分的训练。没有训练的保障，冒然上赛道可能会带来伤病或其他意想不到的伤害。训练是跑马拉松的必要准备工作。

另外，科学性也是训练中应该要遵循的训练法则。科学化训练的目的，既是为了预防运动损伤，也是为了提高训练的经济性。训练不是每天坚持个10公里就好了，很多人跑了好多年，虽然也很想要提高成绩，但由于训练的不科学而一直突破不了瓶颈。或是一些人刚刚开始跑步不久，就会出现膝盖疼痛等各种运动损伤，引发出“跑步会伤膝盖”等无科学理论的说法。其实跑步本身不会带来运动损伤，相反会强化关节肌肉力量，但不恰当的跑步方式或是不科学的训练可能会带来运动损伤。

因此，对于跑马拉松应怀有敬畏之心。一定要在科学化、系统化的训练下，再开始准备上马拉松的赛道。

易居跑团
时钟教室
易居WERUN场地接力赛
易居一队 012
易居企业集团

丁丁说

>训练比比赛更重要

我是2015年1月3日才第一次跑马拉松——厦门马拉松，当时成绩是3小时56分。紧接着是3月15日的无锡马拉松，成绩是3小时35分。再接下来是7月26日的旧金山马拉松，3小时27分，接着就是2016年2月28日的东京马拉松，跑了3小时05分，直到2016年10月9日芝加哥马拉松跑出2小时58分的个人目前最好成绩，每次比赛我的成绩提高都很明显。

很多人都很好奇，赛后都问我到底有什么秘诀，能够不断PB。我想用一句话来概括——训练比比赛更重要。我一周练5—6次，一般都会有1次的间歇跑或变速跑，1次20公里以上的长距离跑，2—3次10—15公里的配速跑，2—3次核心力量，2—3次深蹲。跑前热身和拉伸也做的非常充分。我一周跑量在60—70公里左右，每周的跑步时间5小时左右。热身拉伸1.5小时，核心力量1个小时，加上洗澡换衣服。我一周在跑步相关活动上所花费的时间是9小时20分钟。只有精确计量跑步时间才能够安排出来。我认为我所有PB，最关键的还是科学训练和系统规划，没有平时的付出，却希望比赛时一鸣惊人，那是不可能的。

跑龄

了解自己是什么级别的跑者，对于选择训练方法非常重要。跑龄、月跑量、10公里配速水平是最基本的判别标准。让我们先来看一组样本为746人的问卷调查的结果。

坚持跑步两年以下人数为236人，两年及两年以上为510人；其中跑龄1—2年的人数占比最高，为26%，其次为2—3年的占比20%。您跑步多久了？

图2-1　马拉松调查样本跑龄统计

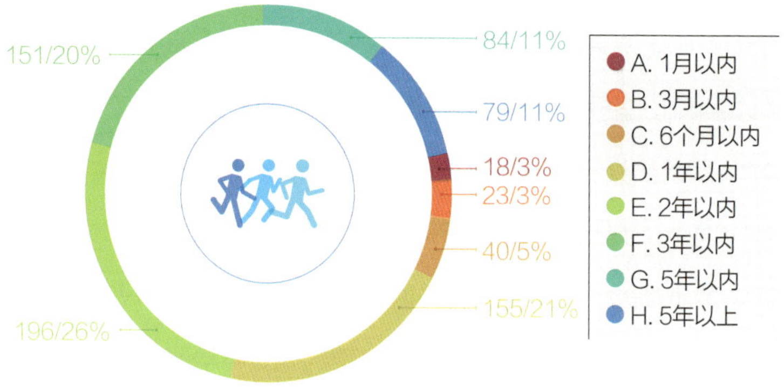

月跑量

从746个样本统计来看，月跑量100—150公里人数最多，为188人；月跑量150—200公里人数为138人；月跑量201公里以上人数为100人。跑龄与月跑量紧密相关。随着跑龄的增加，月跑量将逐渐提高。大多数人的月跑量在100—150公里之间，这可以作为一个入门跑者的基本标准；月跑量150—200公里的属于进阶跑者；月跑量200公里以上的要属于资深跑者了。您月跑量多少？

图2-2 不同跑龄段每月跑量统计

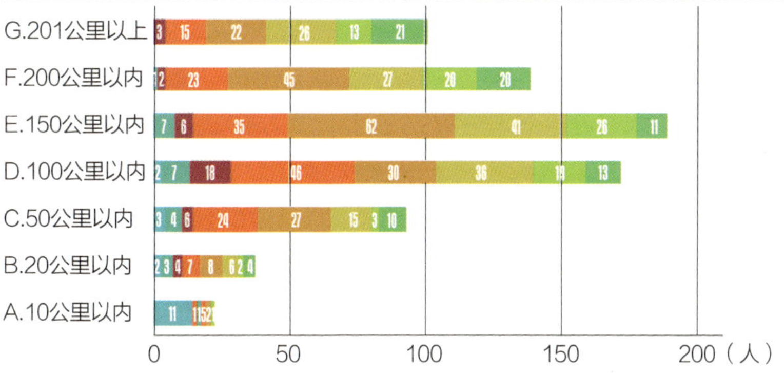

平均配速

746个调查样本中，545—600配速区间占比最高，为18%；515—530配速与530—545配速占比均为13%；340—400配速占比最低，仅1%。其中500—600配速区间为主体，占比53%。

图2-3 平均配速统计

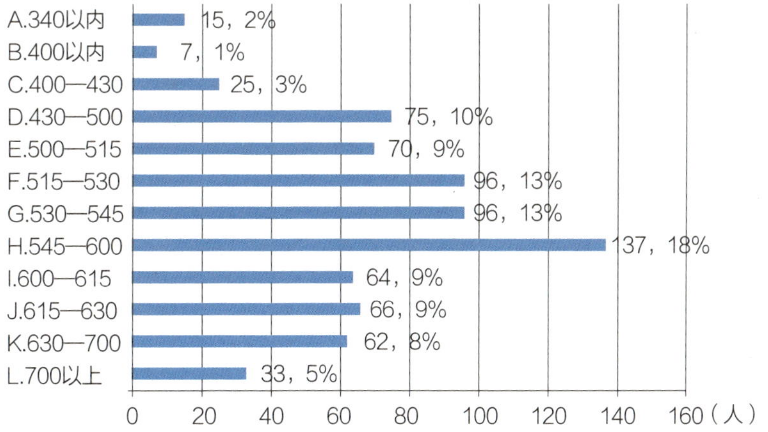

随着跑龄的增长，各跑龄段内配速分布与整体情况保持基本一致。545—600配速在各跑龄段占比均为最高。最快的340以内配速在5年以上跑龄段中表现更为明显。以您的跑龄和月跑量，您现在的配速多少？

图2-4 各跑龄段平均配速统计

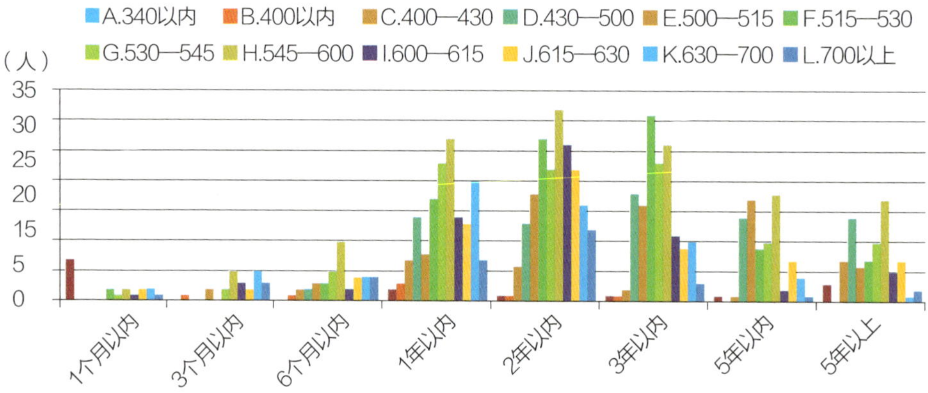

TIPS

跑步小贴士

如何鉴定你的马拉松水平？

[初级跑者]

长跑时间1年以下，每周保持长跑运动3—4次；可以6分30秒—8分30秒/公里完成10—15公里的匀速耐力跑；

尚未参加过马拉松，或半程马拉松运动；

马拉松水平在：5—6个小时（7分—8分30秒/公里）外的跑者。

[中级跑者]

长跑时间3年以下，每周保持长跑运动4—6次；

可以4分30秒—7分30秒/公里完成20—35公里的匀速耐力跑；

参加过马拉松，或有完成过3—5次半程马拉松；

半程水平在：1小时50分至2小时10分之间；

马拉松水平在：4—5个小时（5分40秒—7分/公里）。

[高级跑者]

长跑时间3年以上，每周保持长跑运动4—6次；

可以3分50秒—6分10秒/公里完成20—35公里的匀速耐力跑；

参加过10次以上马拉松比赛；

马拉松水平在：3—4个小时（4分15秒—5分40秒/公里）。

PART 1

跑前检查

作为一名跑步爱好者，或是马拉松参赛者，运动前健康筛查的重要性是值得每个人认真关注的——不止是关注，更要关切、践行。近两年来，各类马拉松赛事造成损伤和猝死的事件屡见报端。然而目前很多国内民间体育赛事并没有科学、系统、全面的医学监控，很多比赛也不要求参赛者出具医学健康证明和专业的运动试验评估报告，这些行为为马拉松赛事增加了极高的风险。

对于一名即将开始跑步的人来说，跑前检查是必不可少的。与大家想象的不同，看似健康的参赛者在心电、呼吸、血压等指标上，纷纷暴露出各种问题。下面是一个跑前筛查，可在跑步之前参考进行自我筛查。

表2-1　身体自我筛查表

调查项目	√	解　　释
病史		如果你在这一部分中标记出了任何一个陈述，那么请在运动前向你的医生或其他健康管理者咨询；你可能需要在某个经过认证的医务人员的监护下进行健身
心脏病等相关疾病		
症状		
做体力活的时候有过胸部不适或有过头昏眼花，晕倒或者眩晕		
其他健康问题		
你有糖尿病		
你有哮喘或其他肺部疾病		
当短距离行走时，你的小腿有发热或抽筋感		
你有限制你体力活动的肌肉骨骼问题		
心血管危险因素		如果你在这一部分中标记出了两个或更多项目，那么你应该在运动前向医生或其他健康管理者咨询，并由专业人员指导你做健身运动
你是45岁以上的男性		
你是55岁以上的女性/做过子宫切除手术或者已经绝经		
你吸烟或是6个月内戒烟者		
你的血压超过140/90mmHg		
你服用降压药物		
你的血清胆固醇水平高于200mg/dl		
你不知道你的血胆固醇水平		
你曾有一个近亲在55岁（父亲或兄弟）或65岁（妈妈或姐妹）前发作过一次心脏病或做过心脏手术		
你不常运动（即体力活动水平少于每周至少三次、每次30分钟）		
你超重9千克以上［标准体重（千克）计算方法：如身高<165厘米，则标准体重=身高−100；如165厘米<身高<175厘米，则标准体重=身高−105；如身高>175厘米，则标准体重=身高−110］		
上述一个都没有		你应该能够安全地进行自我指导的运动，而不用向医生或其他健康管理者咨询，也可以在几乎所有能满足你运动计划需要的场所运动

运动中出现上述问题都不建议近期参加大强度运动。可以进行强度较低的有氧跑，比如MAF训练（参考PART3马拉松基本训练方法）。等所有指标都达到标准后，在教练和医生的指导下，逐步增加强度。再根据自己的目标进行正常的训练。没有这些症状的，可以正常训练。

PART 2

跑前装备

跑步是一项低门槛的运动，在装备上要求虽然没有那么高，却不可忽视。必要的跑步装备，不仅能有效避免运动伤害，带来舒适的跑步体验，还能激发对跑步的长久热爱。另外，选购跑步装备也能为跑步生活增加不少乐趣。除了防风、保暖、吸汗速干的上衣和下装之外，一双能呵护你的专业跑鞋更是必不可少。准备好这些跑步必备品之后，就可以开始跑步了。

1. 跑步装备的介绍

（1）跑鞋

跑鞋是跑步最重要的装备，好的鞋子不仅可以让你跑得更省力，更关键的是可以防止运动损伤。基本的功能就是减震、防滑、透气，选择问题上就是合脚，穿着没有不适感。一般一双跑鞋最多可以支撑你跑1000公里左右，到500公里的时候就应该注意更换。

（2）跑衣

速干衣裤，材质以涤纶面料为主。速干衣裤透气性比纯棉好，速干，排汗，轻便。跑步的时候不会有衣服压在皮肤上的感受。

压缩衣裤，它的作用是通过压缩加快血液循环速度，如果出现伤病，压缩衣也会给予一定保护。

防风卫衣，热身和运动完毕后穿，防止感冒，或是夏季防晒。料子是里面网眼，外面晴纶或者涤纶的材质，带有反光条更适合夜跑。

（3）跑步袜子

材质以涤纶和氨纶为主，跟跑衣一样，不建议运动时穿棉袜。 跑步袜子一定要穿着舒适，其重要性不亚于跑鞋。

（4）数据记录

跑步APP：不仅可以记录数据，配合耳机听歌，它还有很多社交功能，如分享、社区等。

跑表：在跑步到一定阶段，对跑步数据有更高的需求，比如心率、步频等，这时需要更专业的跑表，同时也省去了跑步带手机的麻烦。

（5）其他

腰包：方便携带一些小物件，比如公交卡、零钱、钥匙、纸巾等。

导汗带：对于汗水较多的跑者非常有用，可以有效地防止汗液流入眼睛。

手套：冬天非常必要，兼顾防风与保暖的最佳。

墨镜：夏天防止太阳直射，让体感更轻松。

帽子：冬天戴帽子为了保暖，特别是北方地区防风防寒。夏季戴空顶帽遮阳。

运动水壶：特别是用于长距离训练时，保障充分的补给，水壶也是必不可少的。

手机套：方便携带手机记录运动数据和听歌。

腿套、臂套：一些腿套具备功能性，更多的臂套是为了保暖或是防晒。

肌效帖：主要用于缓解肌肉酸痛、改善血液循环。它越来越多的用于比赛中。

下面介绍一下跑步装备的选择。

2. 跑步装备的选择

（1）跑鞋的选择

根据不同水平的跑者，我们大致将跑鞋分为以下几类：

初学者：慢跑鞋，强调稳定和避震。开始跑步的第一个问题会是如何选择跑鞋。对于初跑者，为了预防受伤建议先从功能性比较强的跑鞋入手。特别是体重较大跑者，对缓震、支撑等要求更高。

进阶跑者：根据自己跑步习惯，经过一段时间训练往往已经对自己的脚型有了一定的了解，再根据自己的喜好选择，但前提还是需要一定的保护。

高阶跑者：高阶跑者的跑步能力及技术已比较强，一般会选择轻薄的竞速鞋子。

其他：越野鞋、铁三专用鞋子等。这些针对性和功能性会要求更高，在本书不作具体介绍。

（2）跑鞋品牌推荐

跑步类：Nike、adidas、asics、new balance、saucony、BROOKS、under armour、美津浓、李宁、安踏、特步、361°、匹克等。

越野类：salomon、HOKA、泰尼卡、altra等。

TIPS
跑步小贴士

跑鞋的选择技巧

首先一定是选择跑步专项的鞋子。基本上所有专业跑鞋商家都会设有一些可测量脚型的门店，在这里你可以了解自己的足型，而且通过足型来询问营业员，都会得到专业的建议。另外在选择跑鞋的时候，我们还要注意以下内容：性别、年龄、体重、跑步距离等，这些因素与足型相结合，才能选择到适合你的一双跑鞋。当有了跑步基础，在这个过程中会慢慢找到适合自己的鞋子。但跑鞋在跑步装备中还是至关重要的。

（3）跑衣的选择

跑步衣服的选择遵循透气、排汗、 速干、防风、保暖等原则，每个季节也要根据天气进行调整。

春秋季

春秋季是比较舒适的季节，非常适合跑步。穿衣上基本以长衣长裤（5℃—10℃）或长衣短裤（10℃—20℃）为主。风较大时，可以外加一件皮肤风衣。

冬季

0℃以上，紧身或压缩长衣长裤。

0℃以下，长衣长裤外加马甲或外套，温度非常低时增加帽子、手套。

夏季

最重要的是排汗、速干和防晒。

夏季穿衣以短衣短裤为主。为了防晒可以选择空顶帽、太阳镜等防晒的装备。

（4）跑衣品牌推荐

Nike、adidas、asics、new balance、saucony、BROOKS、under armour、李宁、安踏、特步、361°、匹克等。

3. 数据记录

（1）运动腕表

跑表主要用来分析和记录数据，最基本的数据包含：时间、距离、卡路里、配速、心率等，当然一些高阶的跑表数据会更丰富。对于入门跑者，一款基本的心率手表即可，简单轻便，也省去了带重手机的麻烦。

选择跑步手表建议重点考虑的5个功能。

配速

跑者最关注的数据之一。在心率训练没有普及之前，跑者一般会通过配速的数据来了解自己的运动强度和能力变化。例如，跑个10公里，每公里从5分钟配速提高到4分30秒的配速，直观地反映了跑步能力的提高。

搜星、GPS

跑表的数据都是依靠内置的GPS来计算，所以GPS是整个手表的核心。市面上基本都是GPS的定位系统，也有一些高阶手表加入了glonass（俄罗斯定位系统）。不同品牌不同手表型号，搜星速度还是有些差异。不过随着产品不断的更新，在搜星速度方面基本在半分钟以内可以完成。

心率

心率成为跑者越来越关注的一项数据。因为它最直观地反映了身体目前的状态。它不会受到外界因素的影响。而且对于不同目标的跑者来说，心率训练效果更好。跑表的心率数据收集主要是光学和胸带式两种。光学心率比较方便，但是准确性较差，手表需要戴紧，出汗也会影响到心率的准确性。而心率带相对要准确很多，不过胸口会有不适感。如果比较重视心率的准确性，建议还是选择心率带。（关于心率的训练详见PART3 马拉松基本训练方法。）

续航时间

对于GPS手表，续航时间是必须要考量的指标。轻量化的型号，续航时间大概也就4小时左右。因此价格也会相对便宜。然而如果跑全程马拉松时间超过了4小时，可能还没到终点手表就没电了。如果要挑战100公里超马，则最低也要保证大部分比赛的关门时间14小时。虽然带着电源线和移动电源可以在途中充电，但增加了背负的重量对比赛也不太有利。因此选择手表时，不仅要考虑当下的需求，最好也考虑到未来计划调整的比赛需求，选择续航时间合适的手表。

社交分享

很多跑者喜欢对每次训练进行总结和分享，这样，上传动作就成了常用功能，选择容易上传和分享数据的跑表，会让你的跑步总结更有乐趣。同时，跑表的使用还只是功能的一部分，不少朋友带跑表，“秀”的成分要占大多数，所以，好看和喜欢也成了选择的指标。电子产品更新换代速度很快，适合现阶段的就是最好的，匹配即是平衡，平衡就是最美的。

（2）跑表推荐

初级入门：卡西欧、华为、Garmin FR225，TomTom Runner3，宜准等。

进阶：Garmin FR630，GarminFR235、Suunto AMBIT3、爱普生SF-850等。

铁三：Garmin FR935，Garmin FR735等。

越野户外：Garmin Fenix5，Suunto SPARTAN等。

TIPS

跑步小贴士

GPS手表使用技巧

很多跑者第一次用跑步手表时都会有各种问题出现，毕竟高科技的东西，如果不好好研究，还真会被搞得摸不着头脑。以下是几个用表小tips：

在开始跑步之前，一定进行GPS的搜星，静止站在空旷的地面，等信号灯显示已定位后再开始跑步。如果去异地参加马拉松等比赛，到达目的地后，先搜星一次，更正手表的时间，到了比赛前，搜星速度会更快些。

越来越多的跑者开始使用光电心率表，因为光电心率的原理是通过光穿透皮肤计算血液的心跳数，所以佩戴时尽量紧一些，使光电模块贴紧皮肤。在跑步过程中应及时擦拭手臂的汗水，防止汗水影响手表心率的准确性。

（3）跑步APP

咕咚运动

咕咚运动追踪运动路线，邂逅运动好友，发现运动资讯与趣闻，提升您的运动能力。

- 支持多种运动类型，让运动更省心。
- 页面简洁，白绿两色清晰明了。
- 社交功能强大，和大家一起跑步，更容易坚持。
- 活动丰富，和各类高手达人互动，卡币、奖章玩不停。

郁金香运动

郁金香运动为运动者提供运动数据记录、分析和可视化展示，同时为跑步(公路跑、越野跑)、自行车骑行(公路、山地)、户外(徒步、登山)等运动者的的身体健康情况进行分析。

· 数据丰富精准，图文分析一目了然。

· 官方活动多，可扩大社交圈。

· 互动发帖，为您答疑解惑。

· 支持多品牌手表数据的导入，操作分析更方便。

悦跑圈

悦跑圈是一款基于社交型的跑步应用。它记录专业化跑步数据，在排行榜与全国跑友比拼，在独有的社交平台(跑友圈)与跑友分享交流，另外还支持微博、微信分享。

· 精准GPS记录，实时记录运动轨迹。

· 真人语音提示，默认普通话语音由著名解说员及播音员于嘉先生以及赵天女士献声。

· 防作弊系统让跑步得到最好的保护。

· 专业数据分析，可以清晰了解自己的情况。

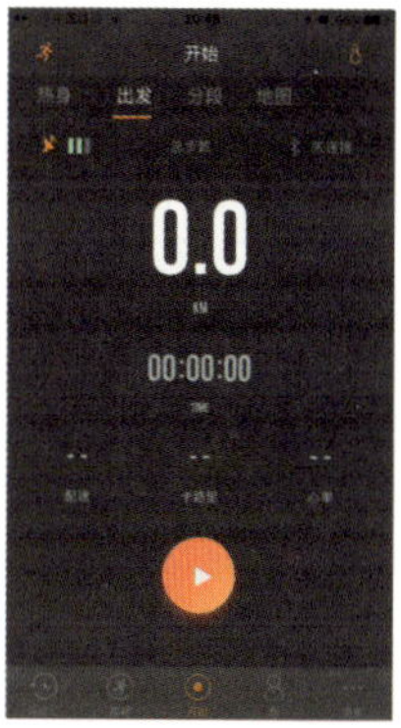

Nike+Running

Nike+，国内跑者最早接触并使用的跑步软件之一。受益于Nike这个品牌的号召力，Nike+似乎也无需进行过多推广。软件界面清晰，操作简单，使用成本低。最大的亮点是“教练”功能，即培训计划，用户可以根据自身情况，制定适合自己的培训计划。此外，水印功能，也是跑者最喜欢的一个功能，能够满足分享社交平台的需求。数据记录方面，跑者习惯将其他软件的数据与之进行对比，这也可以从侧面看出品牌效应的背书效果。但毕竟是舶来品，本地化不够，社交功能较弱。

跑者说

用什么软件或设备记录跑步数据，为什么选择“它”，主要关注哪几项数据，对跑步成绩的影响？

顾怡雯：资深跑者兼跑步教练，本书作者之一。

选择跑步类的运动手表。方便且数据丰富多样化。最关注配速、心率、步频，偶尔会看触地时间、垂直振幅等高阶的数据。对我来说最重要的数据之一是步频。我前几年跑步步频只有170多，总是试图迈大步子，经常受伤。后来重点加强步频的训练，提高到190。提高了跑步效率，受伤也很少了。训练要科学化，而科学化训练需要通过一些数据来呈现和量化。运动手表是量化训练强度和技术很重要的工具。

PART 3

马拉松基本训练方法

在了解自身所处的跑步阶段，选好跑步装备后，就可以进行专业科学的跑步训练了。746个调查样本中，参加过专业训练的比例仅为29%，其中2—3年跑龄段参加过专业训练比例最高，达到32%。长期坚持跑步的马拉松选手的专业训练意识相对更高。专业科学的训练不仅有助于提高运动水平，更重要的是能够延长运动寿命。

图2-5　参加马拉松运动是否经过专业训练（人）

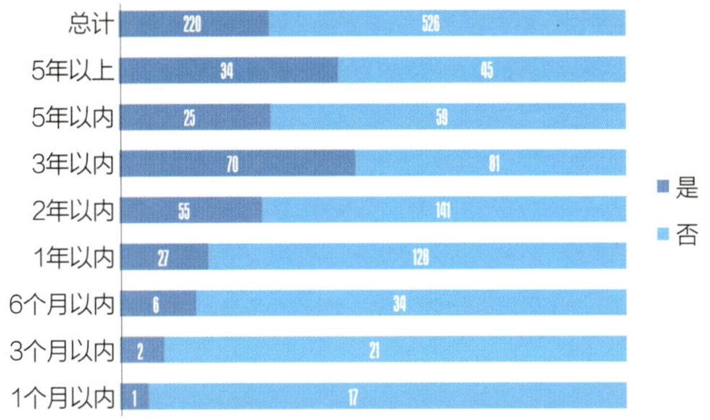

跑步训练是一个完整的体系，它不仅仅是有关怎么跑的问题，还包括了如何热身、放松、加强肌肉力量及身体柔韧性等内容。训练比比赛更重要，所有PB，最关键的还是训练，没有平时的付出，却希望比赛时一鸣惊人，那是不可能的。

1. 跑姿

跑步作为一项“最自然”的运动，几乎不涉及人与器材配合的问题，而跑步的运动模式，可以说是人类自带的技能包，是随着人进化到直立行走而融入在基因中的。

跑步主要靠下肢驱动身体前进，双腿就像活塞一样做重复周期性运动，而骨盆则是双腿运动的支点，支点如果不稳固，零部件就会跑偏，发动机动作则会不正常。一个比较标准的跑姿，不仅可以预防运动损伤，还可以跑的更省力更快。跑姿涉及核心力量的综合运用，还与基础耐力和间歇能力等息息相关。

TIPS

跑步小贴士

跑姿要点

着地

初跑者腿部肌肉较弱，所以落地时尽量不要用前脚掌落地，可以全脚掌，当能力提高后，再前脚掌提高跑步效率。

发力

通过腰跨而不是小腿发力。以腰跨为中心，带动腿部向前。

上身

上身要保持正直或略微前倾，身体不要乱晃。

手臂

摆臂幅度不需要太大，前不露肘，后不露手，自然放松。

跑姿中关键的数据——步频和步幅

步频。步频是训练中很重要的数据，最优步频是180步/分钟。步频高，则双脚落地转换的次数也高，效率越高。同时，步频的高低也与肌肉收缩的效率有关。初级跑者的步频往往较低，随着训练量的增加，配合拉伸和核心力量的加强，步频都会有所增加。

步幅。步频高，步幅大，自然会跑得快。在跑步过程中，步幅取决于速度，速度快了步幅自然大。步幅是由跑步时的前倾角度和脚上拉的高度决定。因此在保证步频的前提下，随着体能和肌力核心的提高，结果是步幅增大，所以千万不要试图降低步频，跨步加大步幅，只会使受伤几率增大。

跑者说

步频与步幅

邹春阳：知名跑者，跑龄9年，参加过40余场马拉松比赛，全马PB成绩3小时09分。

一般加速时，步频和步幅都会增加，但是加到一定速度，步频就不能再变快，只能提高步幅。然后，到极限速度，步幅反而不能再变大，步频可以再加大。步幅和步频是非线性关系的。对于马拉松和平时的健康跑，都建议提高步频到180+，这个步频可以充分利用到阿基里斯腱的弹性势能，减少肌肉消耗，提高跑步经济性。可以通过节拍器，优化跑姿，或与步频更好的小伙伴一起跑，慢慢调整与改进。

夏文杰：知名跑者，跑龄2年，参加过20余场马拉松比赛，全马PB成绩2小时55分。

刚开始跑步的时候会跳得比较高，很多力都会向上，所以步频只有165左右，很多力量都浪费了。现在180不到，会刻意去加快摆臂来调整步频，也会加强腿部肌肉，让自己可以承受长时间的高步频。

苏进平：知名跑者，跑龄3年，参加过40余场马拉松比赛，全马PB成绩2小时59分。

刚开始步频200左右，现在185左右。一开始跑步步频太高，导致心率过高，体力流失很快，然后从原地踏步开始练习180左右步频，等到身体熟悉这个频率以后开始慢跑适应这个频率，时常练习，身体渐渐适应，步频就随之改变了。

2. 跑步专项训练

（1）不同强度的训练方法

训练法	适用人群
有氧轻松跑	适合初级跑者和有减重要求的人群
马拉松配速跑	与有氧轻松跑目的相同，强度更高些，同等于比赛中的强度
节奏跑（乳酸阈值跑）	适合有一定马拉松跑步基础的人群，这种方法特别适用于跑步精英群体提高成绩
间歇跑	刺激最大摄氧量，提高有氧引擎
LSD（长距离慢跑）	长时间慢跑，适合周末或比赛前三周拉练

有氧轻松跑

定义：肌肉利用氧气燃烧热量并产生能量。

目的：提高有氧能力，降低血压等。马拉松运动是一项有氧运动，所有的训练以有氧耐力为主。

训练方式：如何判定是否在有氧区间内。在跑步初期，建议以心率作为参考。通过220－年龄算出最大心率。有氧轻松跑的心率范围大概在最大心率的60%—70%。每次跑步距离6—10公里，也是最初开始跑步的主要训练方式。

马拉松配速跑

定义：跑马拉松时的配速，最大心率的70%—80%左右。

训练目的：模拟比赛时的训练强度。

训练方式：在赛前一个月左右，以马拉松的配速训练25—30公里，目的是模拟比赛配速。

乳酸阈值跑

定义：当运动强度达到某一负荷时，血乳酸浓度急剧上升的开始起点，称为乳酸阈。

目的：增进排乳酸和耐乳酸能力。

训练方式：节奏跑或者巡航间歇。以高于马拉松配速的强度，每次距离8—12公里。

间歇跑

定义：是指在一次或一组练习后，严格控制时间，在机体尚未完全恢复的情况下，就进行下一次练习的训练方法。

目的：机体通过较高负荷的心率刺激，使机体抗乳酸能力得到提高。

训练方式：2000米、1000米、800米、400米等距离的快跑，也可不同距离混合训练。

LSD长距离慢跑

定义： L.S.D.是Long Slow Distance三个英文单词的首字母缩写，直译是“长慢距离跑”，或译作“长距离慢跑”。是 Joe Henderson在1969年首创的提升长距离跑水平的方法。

训练目的：提高耐力，增强心肺能力和改善循环系统以及减肥。

训练方式：如同轻松跑的训练强度，最大心率的60%左右。但是距离要够长，一般要超过20公里，最多可以到32—35公里，建议不超过35公里。

（2）不同派别的训练方法

训练法	适用人群
MAF180训练法	无论是专业运动员 、跑步爱好者、初学者、妇女、老人、受伤过的运动员，都能很容易地适应该方法，尤其适合初学者和女性
丹尼尔斯训练法	适合有一定马拉松跑步基础的，想提高成绩的中高级跑步群体
法特莱克训练法	适用跑步初学者，有朋友一起进行跑步活动的，放松减压跑步等的群体
亚索800训练法	适合有跑步基础的，对于中高级以上的马拉松跑步群体有明显提高和预测马拉松能力的训练

MAF180训练法

（1）概念

MAF训练法是由Philip Maffetone博士发明的训练方法，所谓的MAF180是指：

用180减去跑步者的年龄，得出的数字就是最大心率HRmax，这个数字再减10就是最小心率HRmin，跑步时候把心率控制在这个区间，尽量接近HRmax。如果身体有慢性病、陈旧伤，整个区间下移5—10个点。

（2）适用群体

从国外评论以及专业理解角度来看，MAF训练方式比较温和、适应性强，无论是专业运动员 、跑步爱好者、初学者、妇女、老人、受伤过的运动员，都能很容易地适应该方法，尤其适合初学者和女性。

（3）MAF180训练法的应用

MAF180训练法分为三个阶段，分别是热身、持续运动和降温。以30岁、MAF最大心率145的人为例，并假设其平时心率为75。

热身。热身建议至少15分钟。热身第1分钟，将心率提升到80，2分钟后提升到

85，3分钟后提升到90，以此递增，逐渐在第15分钟达到145。

持续运动。让自己的心率保持在145，如果超过，则减缓运动速度。这一点是初学者最难掌握的，最难堪的也是这个阶段，有时候为了保持心率根本跑不起来，只能快走，结果经常被一些老人超越。

降温。降温建议至少15分钟，通过与热身相反的进程，慢慢降温。但与热身不一样的是，降温要求将心率降到85即可，也就是平时的心率+10。

运动时间分配上来说，如果你有1小时，就热身15分钟，持续运动30分钟，降温15分钟。特殊情况下，如果你只有30分钟，建议热身15分钟，然后直接进入降温步骤，不建议减少热身与降温的时间。当然也不太建议30分钟这个时长，因为实在太短了。

丹尼尔斯训练法

（1）概念

奥运冠军教练丹尼尔斯倾力打造最具科学性的最佳跑者训练教程，以50余年执教经验阐述最全面、最详细的训练计划。

（2）适用群体

适合有一定马拉松跑步基础的，想提高成绩的中高级跑步群体。

（3）训练方法的应用

① 如何进行训练

步频。推荐以约180步/分钟的步频奔跑，这样可以将落地时的冲击力减至最小。

呼吸。推荐在所有的训练类型中，都使用2-2节奏呼吸（2步一吸，2步一呼），有时可维持3-3节奏。这样可以吸入最多的空气。

最大心率。220－年龄，但不一定准确。可数次爬坡，至达坡顶心率不再升高时，或快速跑若干个800米，以测试最大心率。

③ 选择恰当的训练强度（% HRmax为最大心率百分比）

轻松跑（E）	训练时间：30—150分钟 训练目的：强化心脏与肢体末梢的有氧代谢能力	训练区间： % HRmax：65%—79%
马拉松配速跑（M）	训练时间：40—110分钟 训练目的：提升马拉松比赛配速的能力	训练区间： % HRmax：80%—90%
乳酸阈跑（T）	训练时间：20分钟 训练目的：提升耐力	训练区间： % HRmax：88%—90%
间歇训练（I）	训练时间：每趟最多5分钟 训练目的：提升有氧引擎的容量	训练区间： % HRmax：98%—100%
重复训练（R）	训练时间：每趟最多2分钟 训练目的：提升无氧引擎的容量，提高跑步经济性	不看心率、训练技术

④ 用等效最大摄氧量（VDOT）设定训练配速

VDOT和对应的训练强度。在丹尼尔斯训练法中，VDOT被用来定义你当前的跑步等级，是利用你当前跑步实力推算出的最大摄氧量估计值，最小值为30，相当于30分40秒跑5公里。根据“丹尼尔斯6秒原则”，VDOT为60的跑者，训练强度从R到I到T，配速依次减6秒。VDOT为40—50的跑者，减量则为7秒或8秒。

休整期和辅助训练。休整5天以内，VDOT并无明显下降。休整大约10周以后，VDOT下降到最低点，降幅约20%。

法特莱克训练法

（1）概念

法特莱克训练法，是一种中长跑训练法，由瑞典人创造。法特莱克在瑞典语中的意思是速度游戏，它的要点就是随心所欲，自由自在，训练中充满乐趣，在玩耍中起到训练效果。创造它的初衷是为了摆脱枯燥的日常训练，提供一种特殊的间歇训练形式。所谓自由，是指这种训练法不拘泥于特定的形式和场地，参与者甚至无需为自身设定严格的跑动距离，相反，只需在两根电线杆、两所建筑这样的地标间穿梭往返就行。

（2）适用群体

适用跑步初学者，有朋友一起进行跑步活动的，放松减压跑步等的群体。

（3）训练方法的应用

训练时，根据自己的意愿，想跑多远都可以，然后休息一会再继续跑。训练距离、强度、速度等随意选择。你可以以时间或者距离作为训练计量单位，或者以两棵树之间的距离作为训练目标。比如决定要跑10公里，那么无论选择什么样的方式，多快的速度，多长时间，只要完成目标就可以，一切由跑者自己决定。

由于这种训练法比较随意，可以随时随地进行，无需为自己制定的目标而感受到压力。对于正在备战比赛或者处在赛后恢复期的跑者来说，法特莱克训练法是一个非常合适的选择，它能使身心得到放松，减轻压力。

如果有小伙伴一起跑步，法特莱克训练法也是不二之选，可以和小伙伴轮流决定每一次跑步的距离以及休息时间，在暗自较量中愉快地跑步。同时，法特莱克训练法对尝试跑步锻炼不到一年的新手尤其有好处。

亚索800训练法

（1）概念

简单来说，亚索800训练法就是通过800米跑，来进行马拉松训练并预测完赛成绩。亚索800训练法在2000年过后流行于美国，当时的美国正处于第二波跑步热潮，越来越多的业余选手参与到马拉松比赛中。

发明这个训练法的是美国《跑者世界》杂志的巴特·亚索。最开始并没有正式名称，后来随着训练的人越来越多，大家便用发明者的名字来称呼这种训练法。

（2）适用群体

适合有跑步基础的，对于中高级以上的马拉松跑步群体有明显提高和预测马拉松能力的训练。

（3）训练方法的应用

① 亚索800怎么练

亚索800的理论基础很好理解，以在操场跑10组800米的时间为准。

假设你可以用3分30秒完成每组800米，那么最终的马拉松成绩就是3小时30分。如果800米用2分40秒，马拉松就是2小时40分。你打算这次全程冲一下2小时37分，那么就要用2分37秒的速度来跑每组800米。每组之间的休息时间和完成800米的时间相同。

在马拉松比赛前的2—3个月开始亚索800的训练，每周一次。第一周跑4组800，接下来的每周增加1组，直到10组。最后一次训练至少要放在赛前的10天，最好是赛前14—17天左右。

每周其他的时间，只要按照普通马拉松的训练方法练习即可，注意保证周末长距离的质量。别的时间多用轻松的速度来跑，每周安排出1—2天休息。

② 亚索800效果如何

随着业余跑者的水平稳步提高，亚索800训练法的神秘光环渐渐褪去。它和我们平时所说的间歇跑、强度跑在训练效果上大同小异。

不过亚索800的一大优点就是：简单直白。规定了距离，跑者只要选择适合自己的时间，然后开跑就是。相对其他方法省掉了不少限制条件，让训练回归跑步本身。另外，在实践亚索800的同时，注意平时的慢跑积累，基础跑量同样重要。只有双管齐下，才能保证高质量完赛马拉松。

TIPS

跑步小贴士

一开始跑不动？

在跑步训练过程中，往往因为热身不足，所以在前几公里时会出现“跑不动”的感觉，误以为是今天状态不好。其实身体需要一个适应期，关节、肌肉、心肺功能都要启动。身体感觉累是正常现象。一般跑到3—5公里之后身体才开始进入状态。找到适合自己的节奏，关节肌肉等也进入工作状态，大脑分泌多巴胺，也会感觉越来越轻松。

PART 4 其他辅助训练

除了跑以外，我们需要一些其他的训练来辅助跑步，目的是避免运动损伤，同时让跑步效率更高，提高专项能力。

1. 跑前热身

超过60%的调查对象每次都进行跑前热身，“新手”的跑前热身意识也很强。

图2-6　是否进行跑前热身（人）

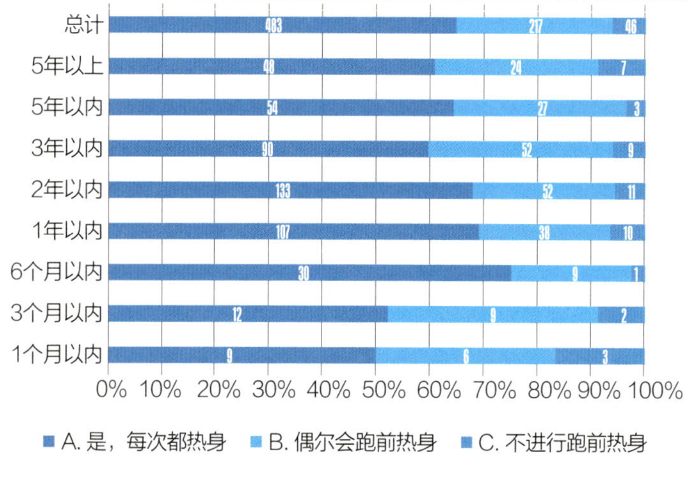

图2-7　跑前热身项目

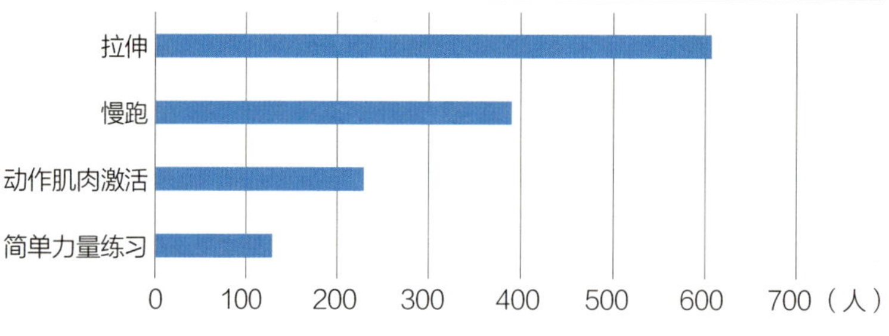

图2-8　分跑龄段跑前热身项目

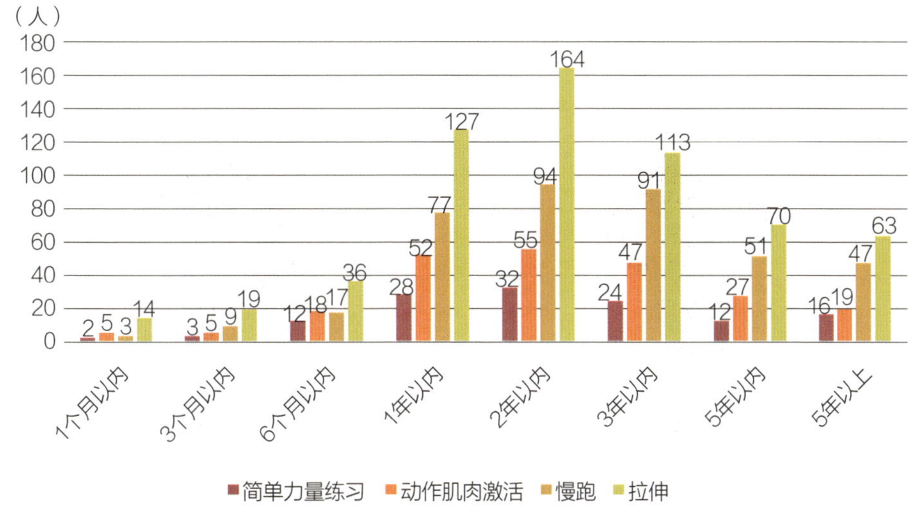

最好的热身是在跑步之前1—2公里的有氧慢跑，激活心肺，再做一些活动关节的动作。或者关节活动之后，先慢跑1—2公里再进入正式的跑步训练。

以下动作是关节活动动作，每个动作15—20秒。

第一式：脚踝关节热身

要点：单腿支撑，活动脚踝，向内绕环3次，向外3次。

第二式：髋关节热身

要点：抬高大腿与地面平行，以臀部为中心向外伸展。

第三式：大腿前热身

要点：身体保持正直，手抓住脚踝，沿身体方向上拉。

第四式：大腿后热身

要点：双手抱膝，向上拉伸大腿后侧。

第五式：大腿内热身

要点：双手握住脚踝，弯曲一侧膝盖，沿身体向上拉伸。

第六式：原地跳

要点：双腿微弯，双臂放手，脚前掌轻轻弹跳。

第七式：开合跳

要点：双腿微弯，分腿闭合跳。

第八式：前后跳

要点：双腿微弯，前后小步交叉跳。

第九式：高抬腿

要点：抬高大腿尽量与地面平行，双手自然摆臂。

第十式：原地跑

要点：双腿微弯，快步频，双手自然摆臂。

热身动作视频
可扫描二维码观看

2. 跑后拉伸

目的为缓解疲劳，增加肌肉延展性，减少肌肉损伤，增加身体柔韧性，有利于恢复，每个动作持续15—20秒。

第一式：小腿拉伸

要点：两腿分开弓箭步，后腿伸直，脚跟落地。

第二式：大腿后侧

要点：两腿交叉，双手触摸脚踝，身体下压。

第三式：大腿前侧

要点：手抓住脚踝，向后拉伸展，大腿在一条水平线。

第四式：大腿内侧

要点：双脚底相对而坐，双手抓住脚掌，两肘置于大腿向下压。

第五式：大腿外侧

要点：单侧脚交叉放到另一条腿侧后方，身体同时向该方向伸展。

第六式：髂腰肌

要点：弓步向前，臀部向前，伸展髂腰肌。

第七式：三角肌拉伸

要点：单侧手胸前侧向伸直，另一只手抓住肘关节用力拉伸。

第八式：臀大肌

要点：双手抱住大腿，身体转向另一侧。

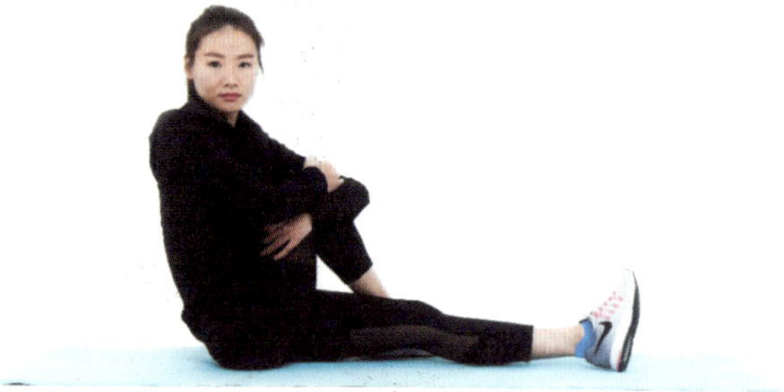

第九式：胸大肌

要点：双手交叉置于身后，头后仰。

第十式：背阔肌斜方肌

要点：双手交叉置于头顶，两臂伸直。

拉伸动作视频
可扫描二维码观看

3. 核心训练

核心训练，既可以预防受伤，也为了辅助跑步的动作。训练频率建议做2—4组，每个动作保持60秒，每组间隔30—60秒。

在问卷调查中我们也发现，样本中44%会进行核心训练，长期坚持跑步的马拉松选手有核心训练计划者占比也相对更高。

图2-9　是否进行核心训练（人）

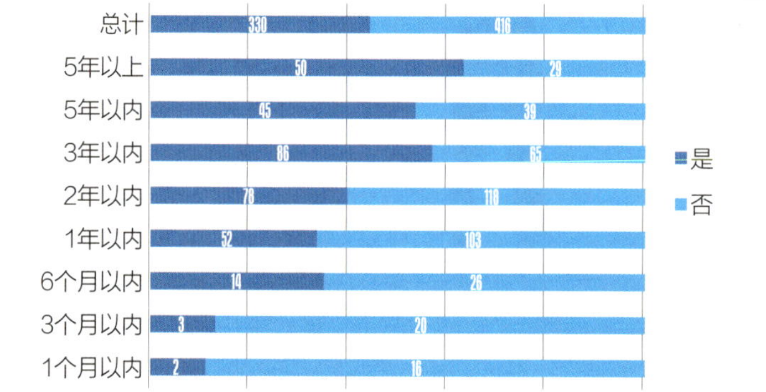

动态核心训练与静态核心训练都进行的人数占比均过半。

图2-10　进行核心训练的形式（人）

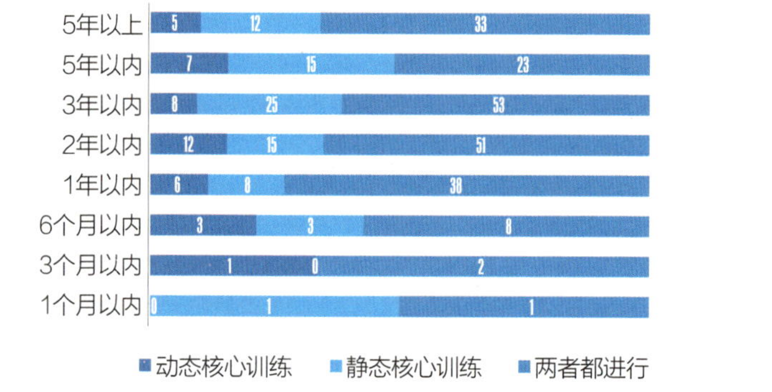

各跑龄段中，每周只进行一次动态或静态核心训练人数占比均较高。

图2-11　分跑龄段跑前热身项目

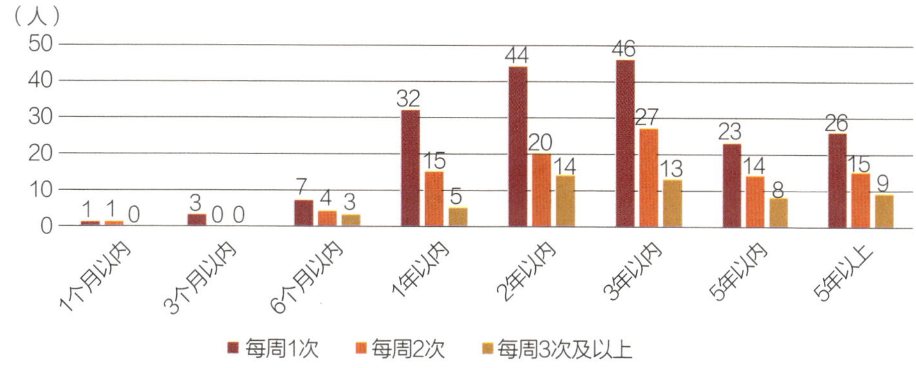

核心训练动作，持续时间30—60秒。

第一式：平板支撑

要点：双脚与肩同宽，臀部收紧，肩膀放松，腹部发力，保持脚踝、臀部、肩膀在一条直线上。

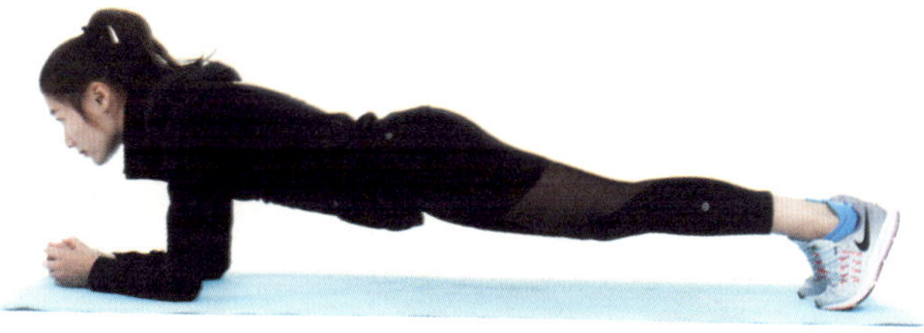

第二式：臀桥

要点：两脚与膝盖同宽，脚尖向前，臀部收紧，膝盖、臀部、肩膀在一条直线上。

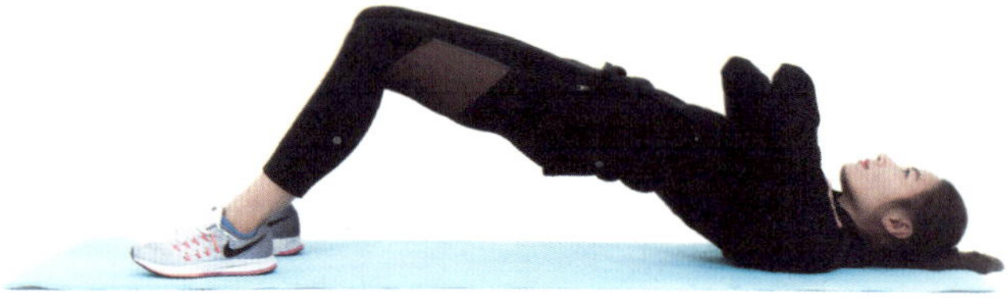

第三式：侧平板

要点：身体侧支撑，两脚放在一起，脚尖勾向身体内侧，臀部收紧，髋关节用力向上，脚踝、膝盖、肩膀在一条直线上。

第四式：V字支撑

要点：身体呈V字，腰部、大腿离地，收紧核心。

第五式：背肌

要点：俯卧两头起，胸部、大腿离地。双手握拳，大拇指朝上，双手打开约45度，收紧腰背部。

4. 力量训练

进行力量训练的跑者人数为320人，占比43%。5年以上跑龄段进行力量训练占比最高，接近70%。

图2-12　是否进行力量训练（人）

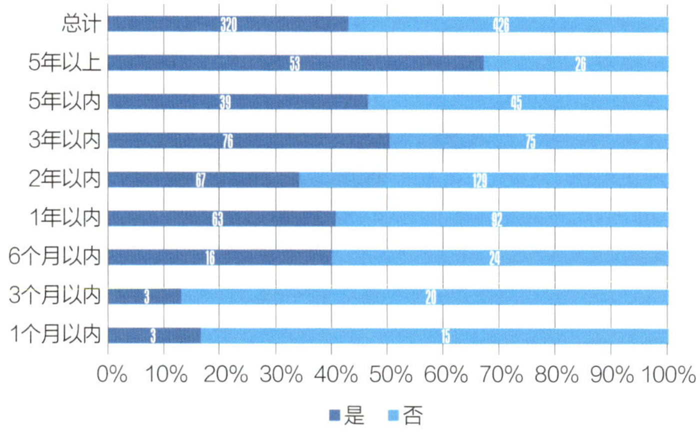

上肢力量训练：不进行上肢训练的有40人，主要集中在3年以下跑龄段。每周进行3次以上训练的有35人。在各跑龄段中均有较大比例的人选择了每周进行1次或2—3次上肢训练。

图2-13　上肢力量训练

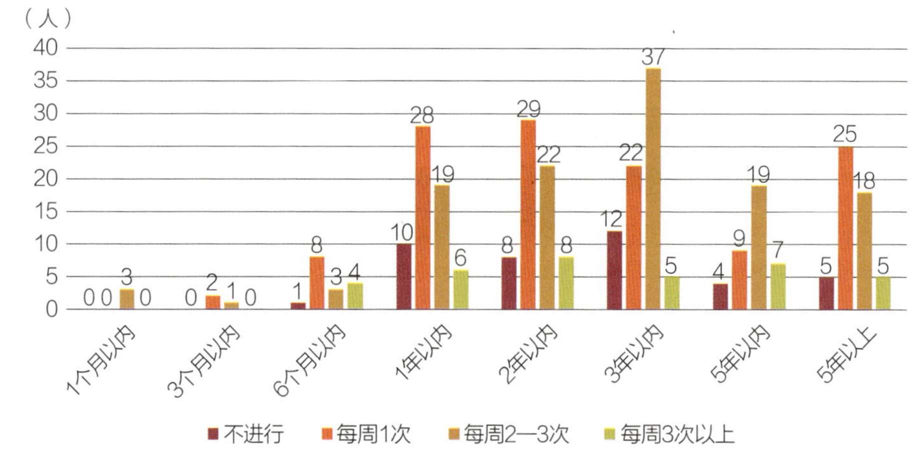

下肢力量训练：不进行下肢训练的人数为31人，少于不进行上肢力量训练人数。每周进行3次以上训练的人数为28人。每周进行1次下肢力量训练的比例最高。

图2-14　下肢力量训练

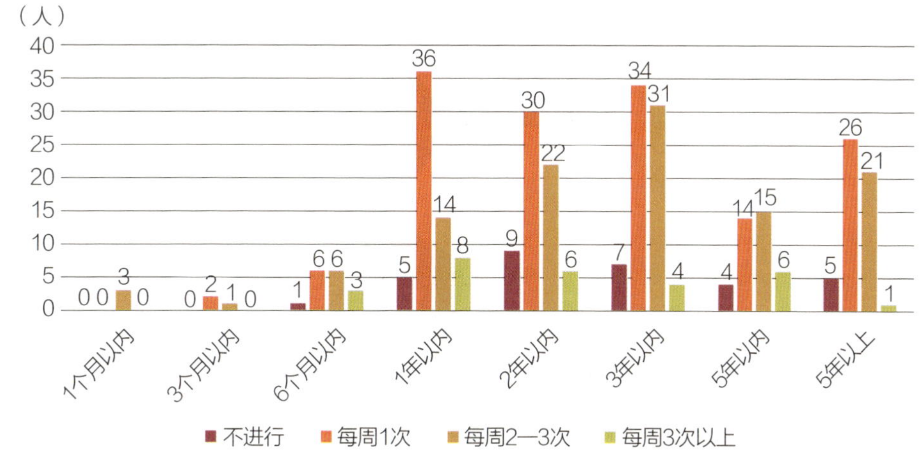

腰腹力量训练：不进行腰腹力量训练的人数为28人，少于以上两项。每周进行3次以上训练的人数为38人，均超过以上两项。腰腹力量训练在力量训练中最受跑者重视。

图2-15　腰腹力量训练

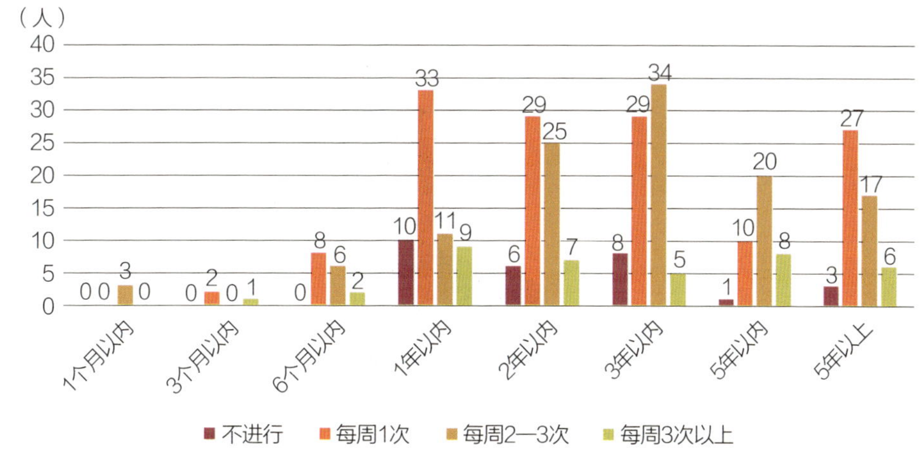

第一式：深蹲

练习部位：股四头肌/臀大肌。

要点：腰部挺直，双脚与肩同宽，脚尖向前，下蹲时膝盖垂直落点不过脚尖。

第二式：弓步蹲

练习部位：股四头肌/臀大肌。

要点：弓步动作，脚尖向前，单腿下蹲，下蹲过程中身体正直，前腿膝盖垂直落点不过脚尖。

第三式：侧弓步

练习部位：大腿内侧肌群。

要点：单侧蹲时脚尖向前，下蹲膝盖垂直落点不过脚尖，腰部挺直。

第四式：相扑蹲

练习部位：大腿内侧肌群。

要点：两脚脚尖外展，达到最大角度，两脚宽于肩膀，缓慢下蹲过程中身体正直。

第五式：保加利亚蹲

练习部位：股四头肌/臀大肌。

要点：后脚放到约40厘米高，两脚与肩同宽，脚尖向前，身体挺直，下蹲时膝盖垂直落点不过脚尖，膝盖向前。

核心力量动作视频
可扫描二维码观看

PART 5 训练计划

马拉松的训练计划，包括时间与训练内容的安排、训练内容的调整等。而执行与科学训练同样重要。马拉松运动就是一分耕耘一分收获，工作如此，跑步亦如此。

1. 零基础训练计划

对于想开始跑步的人，先跑起来最重要。一开始并不用去跑距离，只跑时间，而且可以走跑结合，同时注意核心力量和腿部力量的练习，它能让你跑的更轻松，同时保护你的膝盖。通过循序渐进的练习，10周后你就能轻松完成10公里。

第一周

周一	休息
周二	核心力量2组，慢跑10分钟+走2分钟+慢跑10分钟
周二	腿部力量2组
周四	慢跑10分钟+走2分钟+慢跑10分钟
周五	休息
周六	核心力量2组，拉伸放松30分钟
周日	慢跑10分钟+走2分钟+慢跑10分钟+走2分钟+慢跑10分钟

第二周

周一	休息
周二	核心力量2组，慢跑12分钟+走2分钟+慢跑12分钟
周二	腿部力量2组
周四	慢跑12分钟+走2分钟+慢跑12分钟
周五	休息
周六	核心力量2组，拉伸放松30分钟
周日	慢跑10分钟+走2分钟+慢跑10分钟+走2分钟+慢跑10分钟

第三周

周一	休息
周二	核心力量2组，慢跑15分钟+走2分钟+慢跑15分钟
周三	腿部力量2组
周四	慢跑15分钟+走2分钟+慢跑15分钟
周五	休息
周六	核心力量2组，拉伸放松30分钟
周日	慢跑12分钟+走2分钟+慢跑12分钟+走2分钟+慢跑12分钟

第四周

周一	休息
周二	核心力量2组，慢跑20分钟+走2分钟+慢跑10分钟
周三	腿部力量2组
周四	慢跑20分钟+走2分钟+慢跑10分钟
周五	休息
周六	核心力量2组，拉伸放松30分钟
周日	慢跑15分钟+走2分钟+慢跑15分钟+走2分钟+慢跑10分钟

第五周

周一	休息
周二	核心力量2组，慢跑20分钟+走2分钟+慢跑15分钟
周三	腿部力量2组
周四	慢跑20分钟+走2分钟+慢跑15分钟
周五	休息
周六	核心力量2组，拉伸放松30分钟
周日	慢跑15分钟+走2分钟+慢跑15分钟+走2分钟+慢跑15分钟

第六周

周一	休息
周二	核心力量2组，慢跑25分钟+走2分钟+慢跑15分钟
周三	腿部力量2组
周四	慢跑25分钟+走2分钟+慢跑15分钟
周五	休息
周六	核心力量2组，拉伸放松30分钟
周日	慢跑25分钟+走2分钟+慢跑15分钟+走2分钟+慢跑15分钟

第七周

周一	休息
周二	核心力量2组，慢跑30分钟+走2分钟+慢跑10分钟
周三	腿部力量2组
周四	慢跑30分钟+走2分钟+慢跑10分钟
周五	休息
周六	核心力量2组，拉伸放松30分钟
周日	慢跑25分钟+走2分钟+慢跑20分钟+走2分钟+慢跑15分钟

第八周

周一	休息
周二	核心力量2组，慢跑40分钟
周三	腿部力量2组
周四	慢跑40分钟
周五	休息
周六	核心力量2组，拉伸放松30分钟
周日	慢跑40分钟+走2分钟+慢跑20分钟

第九周

周一	休息
周二	核心力量2组，慢跑40分钟
周三	腿部力量2组
周四	慢跑5公里
周五	休息
周六	核心力量2组，拉伸放松30分钟
周日	慢跑8公里

第十周

周一	休息
周二	核心力量2组，慢跑5公里
周三	腿部力量2组
周四	慢跑8公里
周五	休息
周六	核心力量2组，拉伸放松30分钟
周日	慢跑10公里

注：慢跑的速度以能相互聊天为准，不要在意速度和距离，如果不能坚持跑说明跑得太快。

TIPS

跑步小贴士

对于零基础的初跑者，从走跑结合开始，不要急于增加跑量和速度，训练要循序渐渐。注意跑前和跑后的拉伸放松（请参考PART4“跑前热身”与“跑后拉伸”）。

刚开始跑，一上来会出现腰酸背痛以及其他疼痛，这是很正常的现象。当开始运动时，肌肉会产生发炎反应，也可能会出现伤痛。所以一开始一定要慢，不要太快。

2. 首半马训练计划

对于已经开始跑步的人，并能跑10公里了，肯定想去尝试一下马拉松的比赛。本计划就是针对有一定跑步基础，能完成10公里，试图去完成半程马拉松的跑者，目标为3小时内完赛（关门时间），因对成绩的要求不高，从过往的训练经验看，如果你具备跑10公里的能力，即可执行以下10周的训练计划。注意核心力量和腿部力量的练习，它能让你跑的更轻松，同时保护你的膝盖。通过循序渐进的练习，10周后你就能轻松完成半程马拉松。

第一周至第二周

周一	休息
周二	核心力量2组，慢跑8公里
周三	腿部力量2组
周四	慢跑1小时
周五	休息
周六	核心力量2组，拉伸放松30分钟
周日	慢跑10—12公里

注：周跑量为25—28公里，所有的慢跑以心率在145—155为准，不管速度。

第三周至第四周

周一	休息
周二	核心力量2组，慢跑10公里
周三	腿部力量2组
周四	有氧跑6公里（心率160以下）
周五	休息
周六	核心力量2组，拉伸放松30分钟
周日	慢跑12—14公里

第五周至第六周

周一	休息
周二	核心力量2组，慢跑10公里
周三	腿部力量2组
周四	有氧跑8公里（心率160以下）
周五	休息
周六	核心力量2组，拉伸放松30分钟
周日	慢跑12—14公里（心率130—150之间）

第七周至第八周

周一	休息
周二	核心力量2组，慢跑8公里
周三	腿部力量2组
周四	有氧跑10公里（心率160以下）
周五	休息
周六	核心力量2组，拉伸放松30分钟
周日	慢跑16—18公里（心率130—150之间）

第九周

周一	休息
周二	核心力量2组，慢跑40分钟
周三	腿部力量2组
周四	有氧跑6—8公里（心率160以下）
周五	休息
周六	核心力量2组，拉伸放松30分钟
周日	慢跑10—12公里（心率130—150之间）

第十周

周一	休息
周二	核心力量2组，慢跑5公里
周三	腿部力量2组
周四	慢跑30分钟
周五	慢跑30分钟
周六	休息
周日	比赛

TIPS

跑步小贴士

首半马该如何选择

1. 选择一个专项的半马比赛，没有全马的项目，起跑不会太靠后。

2. 选择一个好的时间，温度在15度左右，所以春秋两季是最合适的跑马拉松的季节。

3. 选择一个路线较平坦的的半马，尽量不要选择坡度较多的赛道。较多的坡容易打乱跑步节奏。

4. 选择一个交通方便、风景优美的比赛地点。

半马比赛推荐：上海半马、扬州半马、珠海半马、深圳南山半马、北京鸟巢半马等。

半马赛前注意

赛前做好体检，确保各指标正常。

赛前认真完成训练计划，赛前2—3周，跑一个15—18公里。

比赛注意体力分配和能量补给。

半马作为马拉松的起点，让它完美的完赛，留下一个美好的印象，第一个半马成为马拉松的开始。跑过终点之后尽情呼喊。拍照、发朋友圈、赢得大家点赞，你的第一个半马也会带动身边的朋友迈开脚步，加入跑步的行列。

3. 全马500训练计划

本计划针对有一定跑步基础，想完成全程马拉松的跑者，目标为5小时内完赛，因对成绩的要求不高，从过往的训练经验看，如果你具备2小时30分钟完成半马的能力，即可执行以下12周的训练计划。

注：1. 安排的力量素质要完成，某种程度上比跑量重要；
2. 第四周和第八周为调整周；
3. 休息日充分拉伸身体或泡沫轴放松。

第一周至第三周

周一	休息
周二	核心力量2组，慢跑8公里
周三	腿部力量2组
周四	慢跑12公里
周五	休息
周六	核心力量2组，拉伸放松30分钟
周日	慢跑16公里
（慢跑的速度以心率145—155为准）	

第四周调整周

	核心力量2组、腿部力量2—3组各安排2次，保持慢跑约30公里量（无配速要求），注意跑前跑后拉伸

第五周至第七周

周一	休息
周二	慢跑6公里；接300米快100米慢×6—8个，300米跑100—105秒，100米跑90秒；腿部力量2—3组，扶墙高抬腿1分钟×2—3组（要求180次以上）；1公里放松慢跑，拉伸
周三	核心力量2—3组，拉伸放松45分钟
周四	节奏跑8—10公里，前3公里M配速710，接后5—7公里T配速625—635
周五	腿部力量2—3组，扶墙高抬腿1分钟×2—3组（要求180次以上）
周六	20—25—20公里LSD（心率145—155）
周日	放松跑6—8公里，拉伸放松45分钟

第八周调整周

	核心力量2组、腿部力量2—3组各安排2次，保持慢跑约40公里量（无配速要求），注意跑前跑后拉伸

第九周至第十一周

周一	休息
周二	慢跑6公里；接400米×6—8个，400米跑1分40秒—1分45秒；间歇90—120秒；腿部力量2—3组，扶墙高抬腿1分钟×2—3组（要求180次以上）；1公里放松慢跑，拉伸
周三	核心力量2—3组，拉伸放松45分钟
周四	节奏跑10—12公里，T配速625—635
周五	腿部力量2—3组，扶墙高抬腿1分钟×2—3组（要求180次以上）
周六	25—30—25公里LSD（心率145—155）
周日	放松跑6—8公里，拉伸放松45分钟

第十二周赛前调整

周一	休息
周二	慢跑6公里；接800米×2—3个，800米跑4分50秒—5分；间歇3分钟；腿部力量2组，扶墙高抬腿1分钟×2组（要求180次以上）；1公里放松慢跑，拉伸
周三	节奏跑6—8公里，M配速705
周四	慢跑5公里，腿部力量1组
周五	核心力量1组，拉伸放松45分钟
周六	休息
周日	比赛

4. 全马400训练计划

本计划针对有一定经验、基础，并对成绩有一定追求的跑者，目标为4小时内完赛，以一个月跑200—280公里为最大目标。因对成绩有一定追求，就必须有较严备的训练计划，从过往的训练经验看，如果你全马已具备4小时30分钟左右的完赛能力，即可执行以下12周的训练计划。

注：1. 安排的力量素质要完成，某种程度上比跑量重要；
2. 第四周和第八周为调整周；
3. 休息日充分拉伸身体或泡沫轴放松；
4. 周二、三、四的训练内容可以根据具体情况进行对换调整。

第一周至第三周

周一	休息
周二	慢跑6公里；接800米×4—6个，3分50秒—4分钟；间歇3分钟；腿部力量2—3组，扶墙高抬腿1分钟×2—3组（要求180次以上）；1公里放松慢跑，拉伸
周三	渐快跑12公里（配速615跑4公里，600跑4公里接545跑4公里）
周四	节奏跑8公里，配速540—545
周五	核心力量2组，拉伸放松45分钟
周六	20—22公里LSD（心率150—160）
周日	腿部力量2—3组，扶墙高抬腿1分钟×2—3组（要求180次以上）

第四周调整周

	核心力量2组、腿部力量2—3组各安排2次，保持慢跑约40公里量（无配速要求），注意跑前跑后拉伸

第五周至第七周

周一	休息
周二	慢跑6公里；接1000米×6—8个，4分50秒—5分钟；间歇3分钟；腿部力量2—3组，扶墙高抬腿1分钟×2—3组（要求180次以上）；1公里放松慢跑，拉伸
周三	渐快跑14—16公里（配速615跑4公里，600跑4公里接545跑4公里接535跑2—4公里）
周四	节奏跑10—12公里，配速545—535
周五	核心力量2—3组，拉伸放松45分钟
周六	25—28—30公里LSD（心率150—160）
周日	腿部力量2—3组，扶墙高抬腿1分钟×2—3组（要求180次以上）

第八周调整周

	核心力量2组、腿部力量2—3组各安排2次，保持慢跑约50公里量（无配速要求），注意跑前跑后拉伸

第九周至第十一周

周一	休息
周二	慢跑6公里；接2000米×4个，9分50秒—10分钟；间歇4—5分钟；腿部力量2—3组，扶墙高抬腿1分钟×4组（要求180次以上）；1公里放松慢跑，拉伸
周三	渐快跑16—18公里（配速615跑5公里，600跑5公里接545跑5公里接535跑2—3公里）
周四	节奏跑12—14—16公里，配速530—540
周五	核心力量3—4组，拉伸放松45分钟
周六	28—32—20公里LSD（心率150—160）
周日	腿部力量2—3组，扶墙高抬腿1分钟×3—4组（要求180次以上）

第十二周赛前调整

周一	休息
周二	慢跑6公里；接800米×4个，3分50秒—4分钟；间歇3分钟；腿部力量2—3组，扶墙高抬腿1分钟×2—3组（要求180次以上）；1公里放松慢跑，拉伸
周三	节奏跑12—14公里，配速540
周四	慢跑8公里，腿部力量1组
周五	核心力量1组，拉伸放松45分钟
周六	休息
周日	比赛

5. 全马330训练计划

本计划针对有一定经验、基础，并对成绩有一定追求的跑者，目标为3小时30分钟内完赛，以一个月跑250—300公里为最大目标。因对成绩有一定追求，就必须有较严备的训练计划，从过往的训练经验看，如果你已具备4小时左右的完赛能力，即可执行以下12周的训练计划。

备注：安排的力量素质要完成，某种程度上比跑量重要；第四周和第八周可根据身体情况做自我调整。

第一周至第三周

周一	休息
周二	慢跑6公里；接800米×4—6个，3分30秒—3分35秒；间歇3分钟；腿部力量2—3组；1公里放松慢跑，拉伸
周三	渐快跑12公里（配速600跑3公里，545跑3公里接515跑3公里接505跑3公里）
周四	节奏跑8公里，配速520—510
周五	核心力量2组，拉伸放松
周六	20公里LSD（心率150—160）
周日	腿部力量2—3组

第四周至第六周

周一	休息
周二	慢跑6公里；接1000米×6—8个，4分30秒—4分45秒；间歇3分钟；腿部力量2—3组，扶墙高抬腿1分钟×2—3组（要求180次以上）；1公里放松慢跑，拉伸
周三	渐快跑14—16公里（配速600跑3公里，545跑3公里接515跑3公里接505跑3公里）
周四	节奏跑10—12公里，配速515—505
周五	核心力量2—3组，拉伸放松45分钟
周六	25—28公里LSD（心率150—160）
周日	腿部力量2—3组，扶墙高抬腿1分钟×2—3组（要求180次以上）

第七周至第九周

周一	休息
周二	慢跑6公里；接2000米×4个，8分50秒—9分钟；间歇4—5分钟；腿部力量2—3组，扶墙高抬腿1分钟×4组（要求180次以上）；1公里放松慢跑，拉伸
周三	渐快跑16—18公里（配速600跑5公里，545跑5公里接515跑4公里接500跑4公里）
周四	节奏跑12—14公里，配速510—500
周五	核心力量3—4组，拉伸放松45分钟
周六	25—28—32公里LSD（心率150—160）
周日	腿部力量2—3组，扶墙高抬腿1分钟×2—3组（要求180次以上）

第十周

周一	休息
周二	慢跑6公里；接800米×10个，3分25秒—3分30秒；间歇3分钟；腿部力量2—3组，扶墙高抬腿1分钟×3—4组（要求180次以上）；1公里放松慢跑，拉伸
周三	渐快跑20公里（配速600跑5公里，545跑5公里接515跑5公里接505跑5公里）
周四	节奏跑10—12公里，配速500
周五	核心力量3—4组，拉伸放松45分钟
周六	32—35公里LSD（配速510）
周日	腿部力量2—3组，扶墙高抬腿1分钟×3—4组（要求180次以上）

第十一周

周一	休息
周二	慢跑6公里；接800米×10个，3分25秒—3分30秒；间歇3分钟；腿部力量2—3组，扶墙高抬腿1分钟×2—3组（要求180次以上）；1公里放松慢跑，拉伸
周三	渐快跑16公里（配速600跑4公里，545跑4公里接515跑4公里接500跑4公里）
周四	节奏跑10—12公里，配速500
周五	核心力量3—4组，拉伸放松45分钟
周六	20公里LSD（配速510）
周日	腿部力量2—3组，扶墙高抬腿1分钟×2—3组（要求180次以上）

第十二周

周一	休息
周二	慢跑6公里；接800米×4个，3分20秒—3分25秒；间歇3分钟；腿部力量2—3组，扶墙高抬腿1分钟×2—3组（要求180次以上）；1公里放松慢跑，拉伸
周三	节奏跑8公里，配速500
周四	慢跑6公里，腿部力量1组
周五	核心力量1组，拉伸放松45分钟
周六	休息
周日	比赛

6. 全马310训练计划

参加马拉松比赛前训练的最后三个月是最关键的时期，训练得法与否与比赛能否获得成功密切相关，因此，最后三个月的训练既要连贯又要强调针对性，最后半个月还要调整好状态。对一个马拉松爱好者来说，如何提高跑步成绩，合理科学的训练就显得至关重要。

每周训练至少5次，一次以心肺机能和身体素质为主（常用各种距离的间歇跑和核心力量训练）、一次以跑步能力的提高训练（20—25公里的稍快与马拉松的配速跑）。

强化身体素质训练（腰腹、腿部、脚踝、手臂）。

逐渐增大跑量（逐步从15—35公里增加，以每周增加2—3公里的节奏递增）。

增强心肺机能（各种距离的间歇跑）。

提高跑步能力（马拉松配速跑、长距离定时跑）。

第一周

周一	跑休
周二	间歇跑400米（每组1分15秒—1分20秒）6—8组，慢跑5000米（心率控制在每分钟140以下）
周三	放松跑10—12公里（心率控制在每分钟140以下）
周四	8—10公里全速跑；跳绳 20—30分钟
周五	跑休
周六	间歇跑1000米(每组3分50秒—4分钟） 4—6组 核心力量：支撑高抬腿150次×3组；仰卧举腿12次×3组；跳起抱膝18次×3组 放松跑4000—6000米（心率控制在每分钟140以下） 拉伸与放松
周日	耐力放松跑15—20公里（心率控制在每分钟150以下）

第二周

周一	跑休
周二	间歇跑800米(每组2分40秒—2分45秒）5—6组，慢跑5000米（心率控制在每分钟140以下）
周三	放松跑 10—12公里（心率控制在每分钟140以下）
周四	8—10公里全速跑；跳绳20—30分钟
周五	跑休
周六	间歇跑1200米(每组4分15秒—4分20秒） 4—6组 核心力量：支撑高抬腿150次×3组；立卧撑18次×3组；台阶跳18次×3组 放松跑4000—6000米（心率控制在每分钟140以下） 拉伸与放松
周日	耐力放松跑15—20公里（心率控制在每分钟150以下）

第三周

周一	跑休
周二	间歇跑1200米(每组4分15秒—4分20秒） 3—4组，慢跑6000米（心率控制在每分钟140以下）
周三	放松跑10—15公里（心率控制在每分钟140以下）
周四	10公里全速跑；跳绳20—30分钟
周五	跑休
周六	间歇跑1600米(每组5分40秒左右）4—6组 核心力量：支撑高抬腿180次×3组；背屈伸18次×3组；台阶跳18次×3组 放松跑4000—6000米（心率控制在每分钟140以下） 拉伸与放松
周日	周日 耐力放松跑20—25公里（心率控制在每分钟150以下）

第四周

周一	跑休
周二	间歇跑1600米(每组5分40秒左右）3—4组，慢跑6000米（心率控制在每分钟140以下）
周三	放松跑10—15公里（心率控制在每分钟140以下）
周四	10公里全速跑；跳绳 30分钟
周五	跑休
周六	间歇跑2000米(每组7分15秒左右） 4—6组 核心力量：支撑高抬腿180次×3组；跳起抱膝18次×3组；仰卧举腿12次×3组 放松跑4000—6000米（心率控制在每分钟140以下） 拉伸与放松
周日	耐力放松跑20—25公里（心率控制在每分钟150以下）

第五周

周一	跑休
周二	间歇跑400米(每组1分20秒左右） 8—10组，慢跑6000米（心率控制在每分钟140以下）
周三	放松跑 10—15公里（心率控制在每分钟140以下）
周四	10公里全速跑；跳绳 30分钟
周五	跑休
周六	跑坡（跑桥或跑山）90—120分钟（配速430） 拉伸与放松
周日	马拉松配速跑20—25公里（心率控制在每分钟140左右）

第六周

周一	跑休
周二	间歇跑800米(每组2分40秒左右）8—10组，慢跑6000米（心率控制在每分钟140以下）
周三	放松跑 10—15公里（心率控制在每分钟140以下）
周四	12公里全速跑；跳绳 30分钟
周五	跑休
周六	倒金字塔跑6000米（休息5分钟）+4000米（休息4分钟）+2000米（休息3分钟）+1000米（休息2分钟）+800米（休息1分钟）+400米 核心力量：支撑高抬腿180次×3组；背屈伸18次×3组；台阶跳21次×3组 放松跑4000—6000米（心率控制在每分钟140以下） 拉伸与放松
周日	马拉松配速跑15—20公里（心率控制在每分钟150以下）

第七周

周一	跑休
周二	间歇跑1000米(每组3分50秒左右）6—8组，慢跑6000米（心率控制在每分钟140以下）
周三	放松跑 10—15公里（心率控制在每分钟140以下）
周四	15公里全速跑；跳绳 40分钟
周五	跑休
周六	间歇跑2000米(每组7分10秒左右）5—6组 核心力量：支撑高抬腿180次×3组；仰卧举腿15次×3组；台阶跳21次×3组 放松跑4000—6000米（心率控制在每分钟140以下） 拉伸与放松
周日	马拉松配速跑20—25公里（心率控制在每分钟150左右）

第八周

周一	跑休
周二	间歇跑400米(每组1分20秒左右）8—10组，慢跑6000米（心率控制在每分钟140以下）
周三	放松跑 10—15公里（心率控制在每分钟140以下）
周四	12公里全速跑；跳绳 40分钟
周五	跑休
周六	跑坡（跑桥或跑山）120分钟（每公里配速420） 拉伸与放松
周日	马拉松配速跑20—25公里（心率控制在每分钟150左右）

第九周

周一	跑休
周二	间歇跑800米(每组160左右）6—8组，慢跑6000米（心率控制在每分钟140以下）
周三	放松跑 10—15公里（心率控制在每分钟140以下）
周四	15公里全速跑；跳绳 40分钟
周五	跑休
周六	间歇跑5000米4组（每公里配速400，每组间歇时间5分钟） 核心力量：支撑高抬腿180次 × 3组；仰卧举腿15次 × 3组；背屈伸18次 × 3组 放松跑2000米（心率控制在每分钟140以下） 拉伸与放松
周日	马拉松配速跑20—25公里（心率控制在每分钟160以下）

第十周

周一	跑休
周二	间歇跑400米(每组1分20秒左右）6—8组，慢跑6000米（心率控制在每分钟140以下）
周三	放松跑10—15公里（心率控制在每分钟140以下）
周四	12公里全速跑；跳绳 40分钟
周五	跑休
周六	跑坡（跑桥或跑山）120分钟 拉伸与放松
周日	马拉松配速跑30—32公里（心率控制在每分钟150以下）

第十一周

周一	跑休
周二	间歇跑400米(每组1分20秒左右）6—8组，慢跑6000米（心率控制在每分钟140以下）
周三	放松跑 10—15公里（心率控制在每分钟140以下）
周四	12公里全速跑；跳绳 40分钟
周五	跑休
周六	间歇跑1000米4组（每组3分50秒，间歇3分钟） 核心力量：支撑高抬腿 180次 3组；仰卧举腿15次 × 3组；台阶跳24次 × 3组 放松跑4000—6000米（心率控制在每分钟140以下） 拉伸与放松
周日	放松跑20—25公里（心率控制在每分钟150以下）

第十二周

周一	跑休
周二	间歇跑400米(每组80左右）6—8组，慢跑6000米（心率控制在每分钟140以下）
周三	放松跑 10—15公里（心率控制在每分钟140以下）
周四	12公里全速跑；跳绳 40分钟
周五	跑休
周六	间歇跑1000米4组（230，间歇3分钟） 核心力量：支撑高抬腿180次×3组；仰卧举腿15次×3组；台阶跳24次×3组 放松跑4000—6000米（心率控制在每分钟140以下） 拉伸与放松
周日	放松跑15—20公里（心率控制在每分钟140以下）

第十三周

周一	跑休
周二	间歇跑400米(每组1分15秒左右）3—4组，慢跑6000米（心率控制在每分钟140以下）
周三	5—6公里全速跑；拉伸放松
周四	放松跑6—8公里（心率控制在每分钟140以下）
周五	跑休
周六	放松跑 5公里（最后1公里全速跑，心率控制在每分钟140以下）
周日	比赛

7. 大神训练计划

全马成绩跑进300以内，训练计划会更偏向个性化，跑者对自己的跑步能力有了比较深刻的了解。我们采访了一些精英跑者的训练计划。

跑者案例

陈龙，知名跑者，跑龄3年，参加过10场马拉松比赛。全马PB成绩 2小时29分。

我的训练计划会根据自身情况和实际的目标赛事做调整。2017年要备战的赛事就是上海马拉松。每周一、二、四、五的上午，我都会安排12—16公里的早操，配速在345—415之间。下午则变化比较多，间歇、配速跑、慢跑、爬坡训练都会去做。周五还会安排一场高强度的素质训练，周六跑休，周日则会跟着野蛮部落的跑友们一起做有氧耐力训练。

	周一	周二	周三	周四	周五	周六	周日
早上	12—16公里	12—16公里	休息	12—16公里	12—16公里	跑休	长距离耐力
下午	慢跑	配速跑	间歇跑	跑休	爬坡	跑休	跑休

杨帅，知名跑者，运动品牌公司从业者。跑龄12年，跑马5年，参加过20余场全马比赛以及50余场半马比赛。PB成绩全马2小时20分，半马1小时5分。

我的训练计划比较随意，也没有很刻意的长时间为某一场赛事做准备。不过在比赛前的两三周里，我会有针对性的做一些赛前训练。比如，按照比赛配速跑一两次15—18公里。平时的日常训练会根据工作时间随时调整，没有固定安排，基本上会在10公里左右。

赛前的一周时间里，我会在周中跑一次小段落的间歇跑，先跑一个6公里左右的热身，再跑2000米×3组左右的间歇，强度完全按照自己的状态来，基本上会略高于马拉松比赛强度，主要是想给肌肉和神经一些刺激，调整下自己的身体状态和精神状态。饮食安排的话，只要在赛前一周适当“告别”辛辣食物就好，最重要的是比赛时的心理状态要好。

周一	周二	周三	周四	周五	周六	周日
慢跑 8公里	配速跑 15公里	休息	配速跑 12公里	慢跑 10公里	6公里热身+ 间歇跑	长距离耐力

牟振华，知名跑者，跑龄4年，全马PB成绩2小时31分。

饮食方面的原则是：高碳水高蛋白，少油少盐。我是山东人，主食以白馒头为主，利于消化。注意一些补剂的补充，比如维生素C和电解质饮料，宝矿力之类的比较好用。

训练计划我分为目标计划、训练计划和训练完计划。

先是定目标，一个月的短期目标，三个月算长期目标，半年是针对大赛的周期目标，其中又分为前两月的训练期，也叫准备期；中间两个月的调整期，也叫提高期；最后两个月的灵活期也叫冲刺期。

训练计划中准备期就是单纯跑了，每公里看一次配速，培养速度感，周跑量230公里左右，每次跑都是前慢后快，最后速度可以快于马拉松配速10秒。以一周为例，可以三天跑20—25—25的节奏跑训练，间隔3天慢跑量。中间的提高期训练要有变化，主要以跑强度为主，分为长中短三种距离的间歇跑，可以是1公里、400—500米也可以是100—200米的反复冲刺。此阶段重点在强度，长距离按时间跑不按距离速度跑，可适当安排越野跑。相同的训练课一周只能有一次，每周具体也不一样，要换花样训练才能调动积极性，一成不变很难进步。调整期就是减量和强度为比赛储存体能。

训练完计划就是恢复，建议先拉伸再滚泡沫轴，或者是按摩肌肉，加快恢复。推荐冷热交替浴，热水5秒，冰水30秒，交替3次，排酸抗疲劳效果好。也可以蒸桑拿，但时间把握好，不能时间过长，出太多汗。

周一	周二	周三	周四	周五	周六	周日
节奏跑	有氧慢跑	间歇训练	休息	有氧慢跑	节奏跑	长距离慢跑

PART 6

跑步饮食

跑步是运动健身的理想选择，大部分想要健身的朋友都会选择这一运动方式，跑步会消耗掉身体的能量，所以我们必须适时地给身体补充一些食物，保证身体所需要的营养素充足。

1. 跑步饮食的原则

跑步者只有吃的健康，才能及时补充体能，强健体格。假若你认真遵循以下五条守则，跑步锻炼将和食物营养相互促进，完美结合。

（1）多吃天然食品

试着在你的冰箱和厨房多放一些具有营养价值的、有益于身心健康的食物。例如，全麦面包、鱼、瘦肉、蔬菜和水果。它们能提供给你身体所需的最基本营养，及时补充能量，有助于跑步后恢复体能。尽量少吃加工过的食品。

（2）一日多餐

抛掉“一日三餐”的观点，因为它对跑步者并不适用。由于跑步者比那些呆在屋子里的人需要更多的卡路里，所以要一日多餐，即每三到四个小时吃一小顿。照这样做下去，你会发现自己一天当中不仅不感到饥饿，还神采奕奕、体力充沛。

（3）喜欢吃，那就吃

所有人都知道偏食的后果：某一天你会因为放纵暴食而变成水桶腰。当然我的意思是，适量吃点你喜欢吃的，并且不强迫自己吃不喜欢吃的。长期看来，这样做能存储卡路里，因为这样你不会感到饥饿，也不再狂吃海喝。不过最重要的是要节制。

（4）全面吸收

不要一天接一天地吃同一种食物。跑步者一般把意大利面当做主食，但其实还有其他一些健康可口的碳水化合物，例如粗粮、米饭、藜麦。不同的蔬菜和水果能提供不同的营养，因此吃些不同的蔬果也是很有必要的。

（5）别忘掉蛋白质

跑步者把注意力过分集中为碳水化合物，以至于常常忽视对蛋白质的吸收。蛋白质能补充能量，修复训练带来的创伤。富含蛋白质的食物应该占到你一天食物中的15%左右。跑步者，尤其是像马拉松之类的长跑运动员，补充蛋白质的量应该为1.2—1.7克/公斤（自身体重）。富含蛋白质的食物有鱼、瘦肉、禽肉、豆制品、坚果、全麦面包、鸡蛋白、低脂牛奶、低脂奶酪和一些蔬菜。

2. 适合跑者的食品

（1）跑者饮食结构

碳水化合物（30%—40%）

碳水化合物主要来自谷物，是人体这部机器活动的主要能量来源。国内传统饮食里米、面属于精细碳水化合物，能量效率高，口感好，唯一的不足是容易摄入太多卡路里。对于热爱运动的马拉松选手问题不大，不过依然建议大家多尝试粗粮、全谷物等更健康的食物。

蛋白质（20%—30%）

蛋白质是组成人体各种细胞的基础零件，对于运动之后的肌肉恢复起到至关重要的作用。主要来自各种肉类以及鱼类。对于素食者，豆类和奶制品同样能够提供人体所需的蛋白质。

蔬菜（30%—40%）

蔬菜，特别是多叶的绿色蔬菜，比如菠菜、甘蓝、芹菜等，富含纤维素和特定的维生素群。它们非常有益于人体的健康和免疫系统，有助于身体对抗炎症，避免训练所带来的受伤，加速身体的恢复，可以帮助肌体在剧烈运动后高效排除代谢产物，恢复体内环境的平衡。

坚果（约5%）

花生、果仁等坚果，是平时和训练间隙适合马拉松选手的完美零食。这些食物含有人体所需的微量元素，同时还有低卡路里的特点，不用为额外摄入热量担心。更重要的一点，不少坚果吃起来非常美味，是赛前赛后最佳食品。

以上的比例只是个大致参考，适合自己的饮食需要在生活和训练中不断找到适合自己的平衡点。首马赛前，按照平时的饮食习惯即可。可以稍微用心注意一下营养比例搭配，选择可口的食材，为比赛日加油。

3. 饮食的安排

跑步前后饮食安排

跑步前：

跑步前吃易消化的事物。

每天一道富含淀粉的主菜（通心粉、米饭、土豆），每餐要有面包干、面包，或者其他谷类食品；每天2到3个水果。在跑步时间延长时需要再补充甜食和甜饮料。

晨练前不妨喝杯蜂蜜水。

晨练前不宜吃东西，老年人可以喝杯蜂蜜水，提供能量。中年人及年轻人，早晨起来可先吃一些水果，多少提供一些能量，再去锻炼。

依照跑步时间长短饮用适量温开水。

在跑步过程中应及时补充水分。如果跑步时间少于1小时，每15分钟应喝水150毫升到300毫升；如果跑步时间在1到3个小时，应及时给身体补充糖水以免出现低血糖。此外，跑步时一定不要喝冰水，因为剧烈跑步时喝冰水会引起消化系统方面的问题。

跑步前可喝一杯无糖的咖啡。

适量的咖啡因也能提升脂肪的燃烧率，如果能在跑步前饮用一杯无糖、不加奶油球的咖啡，对于降低体脂肪也有帮助。但容易心悸、失眠的人，最好不要饮用咖啡。

适量补充碳水化合物。

千万不要以为饿着肚子跑步会让你更瘦，由于跑步会消耗体内的热量与水分，如果空腹跑步，反而会让心理有补偿作用，跑步后反而吃得更多。因此，如果不是饭后1—1.5小时后跑步，最好在跑步前1小时，补充适量的碳水化合物，如高纤饼干、优酪乳、新鲜水果等容易消化的食物，除了可避免跑步过后血糖过度下降的不适症状外，也能增加跑步的持久性和降低跑步过后的疲劳感与饥饿感。

跑步后：

跑步后不要喝含咖啡因的饮料。

跑步后要避免喝含有咖啡因的饮料，例如咖啡、汽水和茶，因为咖啡因也有利尿的作用，会令你体内水份的补充不足。

跑步后吃些碱性食物。

专家建议，人在跑步后，应多吃些富含碱性的食物，如水果、蔬菜、豆制品等，以利于保持人体内酸碱度的基本平衡，保持人体健康，尽快消除跑步带来的疲劳。

跑步后不宜吃鱼肉等酸性食物。

跑步后，人体内的糖、脂肪、蛋白质被大量分解，产生乳酸、磷酸等酸性物质，这些酸性物质会刺激人体组织器官，使人感到肌肉、关节酸胀和精神疲乏。鱼肉等食物属于酸性食物，跑步后即食用这些酸性食物，会使体液更加酸性化，不利于肌肉、关节酸胀感和身体疲劳感的解除。

跑步后一小时再进食。

跑步过后大约一小时后再吃东西，跑步后比较容易接受各式饮料或是流质的食物，而且同时可以补充水分，若是在跑步后两小时还没有吃正餐的话，可以再吃固体状的食物补充醣类和蛋白质。

跑者说

在执行训练计划时，最关键的是什么，有没有遇到什么困难，是如何克服的？

王乐：知名跑者，训练中心顾问，跑龄16年，参加过100场以上马拉松及越野赛事，PB成绩3小时02分。

执行训练计划，最关键的是信则灵，不信则不灵。

首先要解决的是信任，相信训练计划能构建提升，从心理上认同这样的方法。不相信科学的人很多，在枯燥艰苦而长期的训练过程中非常容易退缩，不肯全身心投入，多半是因为还没有相信这种方法。

其次是有弹性地坚决执行。这句话有点儿绕，坚决执行的意思是规定好的训练就应该到点儿就去做；有弹性的意思是，如果状态不好或者环境不允许（比如严重雾霾），可以降低强度和换成其他训练，不要太过死板。为了健康而损害健康则是悲剧的另一种表现。

我最困难的就是速度训练，强度很大，保质保量非常不容易。解决方法是找个伴，在竞争的环境中能激发自己的斗志。或者请个教练，他会帮你解决一切动力问题。

周其祥：知名跑者，跑龄8年，PB成绩2小时27分44秒。

执行计划最关键的是计划的合理性。首先制定计划就要根据自己水平量体裁衣，充分了解自己的水平。一个好运动员的自我认知一定要准确。我给自己定的计划一般都会完成，偶尔遇到问题一般是训练性疲劳导致，这个时候可以进行交叉训练，如登山、骑行或越野跑。

丁丁runner，知名跑者、媒体人，跑龄6年，参加过25场以上马拉松，PB成绩3小时。

跑龄6年多，但至少4年时间是没有系统的训练计划的。最近一年多才开始有系统的训练计划。对于跑步训练来说，最关键的是训练的系统性，特别是专业跑步教练根据个人情况量身定制的训练计划。其背后包含心率、步频、步伐等核心数据的系统性。对于业余跑者来说，最大的困难就是没时间，经常遇到工作繁忙、家务事多，抽不出时间的情况。而且这个难题无解，只能不断调整，重新修订计划，尽量达到最初始的训练量和训练目标。

第3章

CHAPTER THREE

如何跑一场完美的马拉松

前言

数据显示，2011年在中国田径协会注册备案的马拉松及相关路跑赛事只有22场，2014年为51场，此后几乎是井喷式增长，2015年猛增到134场，2016年更是达到了328场，涵盖了30个省（自治区、直辖市）的133个城市，参赛人次近280万，较2015年增加130万。业内人士估计，2017年全国的马拉松赛事有望超过600场，参赛人次超过500万。

全球马拉松的热潮开始在国内蔓延，马拉松参赛名额一席难求，成为一种新的运动潮流。

那么如何才能跑一场完美的马拉松？怎样的马拉松才能算是一场完美的马拉松。关于这个问题，不同的人有不同的理解。有的人认为安全地完成比赛就可以算是一场完美的马拉松，也有的人认为体验整个比赛的过程就是一场完美的马拉松，当然也有追求成绩、追求PB的选手，认为突破自我才能算是经历了一场完美的马拉松。不管怎样，马拉松也是一项具有挑战性的运动，对马拉松应怀有敬畏之心。系统化的训练、赛前充分准备、比赛过程中享受奔跑的快乐，赛后能够迅速恢复到位，那就一定是一场完美的马拉松。

2017
2017
Bank of America
Chicago
Marathon
1977 40 2017
Chicago Marathon
A 6083
A 1181
2017

丁丁说

完美马拉松不仅仅只是PB。

我对一场完美马拉松的理解是随着我对这个运动不断参与而逐步变化的。刚开始跑马拉松时，我认为一场完美的马拉松就是在成绩上不断刷新，超越自我。但是随着跑马经历不断增加，我对于完美马拉松的理解开始变化，比成绩重要的因素越来越多，每次不同的体验、痛并快乐着的感觉，特别是带动更多的人参与马拉松才是真正的完美。

经过多次马拉松的洗礼，对于更多人来说，一场完美的马拉松体验包含着下面几个方面的因素：

第一，有系统专业的训练；

第二，有充分的专业赛前准备；

第三，能安全顺利地完成比赛；

第四，做好赛后恢复；

第五，能够适当挑战自己，创造一个好成绩。

TIPS

跑步小贴士

马拉松距离如何测量的？

据传30多年前，9岁男孩琼斯，找到了一个弯路、坡路测距的好方法。其原理是先校准、测量好车轮滚动一圈的精确周长，然后通过在自行车上固定圈数计数器计算所走距离。这种计数器装置被称为“琼斯测量仪”，被沿用至今。具体测量时，丈量员骑自行车沿拟定路线自然前行，用车轮的周长乘以“琼斯测量仪”所计的圈数，得到42.195公里的总长。通过计算，丈量出整条赛道的起点、终点以及中途的各个计时点。

PART 1

备赛期

既然已经下定决定开始要跑上42.195公里的赛程了，就应该早做准备。首先你应该做的是以下几点：

1. 检查身体机能（详情请参考第2章）

任何一项运动都存在一定风险，马拉松也不例外。马拉松是对身体尤其是心肺耐力有相当要求的一项运动，随随便便参赛就可能随随便便倒在赛道上，所以，在备赛期间，务必提前去到医院或者专门的运动机能监测机构检查自己的身体情况，以免在跑步过程中发生意外。

通常情况下，机能检查主要是对心脏功能的检查，称之为心电图运动平板测试，目的是测定参赛选手心脏功能和运动耐量，以便客观地安排活动范围和运动强度，为运动计划的制定提供科学的依据。

2. 制定训练计划并执行（详情请参考第2章）

如果你已经能够跑起来，并且顺利通过了身体机能检查，就应当按照教练或者结合自己的实际情况制定训练计划开始执行，几乎没有谁是能够随随便便完赛的，没有训练量就没有成绩永远是真理。

可能有的人会认为，只要在赛前保持每天都跑，就是完美的训练计划。其实不然，盲目去跑，不仅效率较低影响能力的提升，甚至有可能受伤造成身体的伤害。尤其是备赛期间，训练计划要和疲劳消除计划结合，并且训练内容也应该作出调整，核心力量、拉伸练习、姿势调整都是必备的科目。

3. 若有损伤，及时治疗和康复

比赛的强度往往高于日常训练的强度，赛前若出现伤病，应理性对待，最好放弃比赛。除了运动伤病，赛前若出现急性的感冒、发烧等疾病时，也应该及时就诊，并量力而行，不要带病训练和比赛。

PART 2 赛前一周

在顺利度过备赛期后，运动能力和水平已经初具完赛水平或者能够达到自己预期目标时，你就进入了下一个阶段了。最后一周的各项准备工作能直接影响比赛当天的发挥。这一个阶段，你需要做的事情有下面这几项。

1. 检查自己的能力并设定目标

赛前一周根据以往的训练，确定自己的比赛目标。

（1）目标PB

根据赛前三周左右的一次长距离，配速是否达到想要PB的马拉松配速，若与目标配速差很多，或者完成很吃力，应适当降低比赛目标成绩。

（2）首马

保守策略，即使感觉训练还不错，但因为是首马，应该游刃有余，基本达到日常训练目标即可。

（3）乐跑

虽是乐跑，赛前也要保证基本的训练，每周3—4次的训练频率，比赛中可放松心态，欣赏沿途风景，拍照，陪跑等。

2. 完成最后一周赛前训练计划

赛前一周的训练计划包含两个方面，跑步相关能力的训练、疲劳消除的训练。在赛前7天安排一次20—22公里的中长距离跑后，接下来的训练量应当是逐渐减少，以便于调整体能状态。尤为重要的是赛前每日都需要安排充分的拉伸和泡沫轴放松来保持肌肉的弹性和兴奋性，保证肌肉在比赛前处于放松但能迅速唤醒的状态。以下赛前计划可根据自身情况进行调节，原则是减量。

表3-1 赛前一周训练计划

时 间	训练内容	项 目
赛前7天	常规训练	动态热身活动、20—22公里配速跑、泡沫轴+拉伸恢复
赛前6天	调整	动态热身活动、6公里慢跑+小力量、泡沫轴+拉伸恢复
赛前5天	有氧训练	动态热身活动、配速跑8—10公里、泡沫轴+拉伸恢复
赛前4天	专项刺激	动态热身活动、配速跑6公里+2—3个1000米间歇、泡沫轴+拉伸恢复
赛前3天	有氧训练	动态热身活动、配速跑6—8公里、泡沫轴+拉伸恢复
赛前2天	放松跑	放松跑5—8公里、泡沫轴+拉伸恢复
赛前1天	休息放松	完全休息或慢跑5公里

TIPS

跑步小贴士

备战前一周的原则

1. 减量。跑量是逐天减少的。赛前一周要有一个明显的调整，避免身体产生太大的疲劳。

2. 保证强度。完全不跑步会影响肌肉的弹性和兴奋，也会影响整体的状态，因此最好每天身体都保持一定强度的刺激。

3. 调整饮食结构，为比赛做好准备

原则补充蛋白质和糖原。千万别以为平时训练的饮食安排可以直接套用在赛前准

备。在比赛前无论是饮食的结构还是量上，都应当做出适当的调整。

（1）赛前补糖和糖原负荷法

对于业余马拉松运动员来说，碳水化合物、蛋白质、脂肪的比例为65:15:20。增加主食的比例，使肌糖原储备充足，保持运动中血糖水平。在长时间运动中由于体内糖储备耗竭，会影响比赛能力，比赛前及赛中适量补糖可维持血糖水平并可提高比赛能力，延缓疲劳的发生。

TIPS
跑步小贴士

糖原补充原则

在赛前准备阶段超量补充碳水化合物可以提高供能效率，促进运动后肌糖原的再合成。糖原超量恢复方法：先进行一次大强度和负荷的运动以消耗肌糖原储备，随后6天递减性运动，递减运动期间的前3天，摄入由50%糖组成的混合膳食，后3天摄入高糖膳食（糖占70%）。对训练有素的耐力运动员来说，采用正常的训练量递减法结合中等量的糖膳食——高糖膳食程序，可以获得与经典糖原超量恢复方法同样的效果。

（2）赛前食物多样化

赛前一周的食物选择应该多样化、色香味美，马拉松项目对维生素B和维生素C的需求量较大，人体不会合成维生素，必须从体外摄取，多吃水果、蔬菜是很好的补充方法，土豆和面包，水果果汁，尤其是橙汁非常有帮助，含有充足的无机盐和维生素。

（3）减少酸性食物的摄入

训练期间，蛋白质作为肌肉修复的神器，摄入量通常会比平时大，赛前一周，饮食注意减少蛋白质和脂肪等酸性食物的摄入，以减少体液偏酸状态，防止疲劳提前发生，赛前切忌大量补充氨基酸。

（4）增加碱储备

增加碱储备，可采用多吃蔬菜、水果，如豆角、萝卜、土豆、香蕉等，尤其是海带碱度最高。

（5）及时补充维生素

如果体内维生素缺乏，要及时纠正体内维生素缺乏。维生素B1临时服用无效，需在10天或两周之前开始补。

（6）增加体内抗氧化酶的活力

增加食物中的抗氧化成分，进食适量的瘦肉类食物，增加新鲜水果和蔬菜，减少脂肪摄入，适量补充抗氧化物有利于减轻疲劳、增加耐力，防止运动损伤和炎症。

如果你赛前的饮食结构有问题，一定程度上会影响到你的比赛。所以，有的时候未必是你训练得不好，而是因为你吃得不好，这一点非常关键。

（7）赛前避免不常吃的和刺激性食物

尤其要注意的一点是，比赛前避免食用平时不常吃的食物，以免引起肠胃的不适应。

避免吃一些辛辣、油腻等不消化的事物。特别是到外地比赛，喜欢尝试当地特色美食，建议尽量安排在赛后享用。另外，赛前一天如果有喝酒的习惯可以稍微喝点啤酒或红酒。但要控制酒精量，避免比赛时酒精对肌肉和有氧的影响。

TIPS

跑步小贴士

赛前饮食建议

赛前1周——增加蛋白质的摄入，减少食物中碳水化合物的比例。

赛前3天——增大碳水化合物的比例，不要吃刺激性食物。

赛前2小时——正餐摄入，不要吃太多油炸食品。推荐的早餐有面包、麦片粥、黑芝麻糊等。

赛前1小时——可补充少量水、香蕉等，禁止摄入水太多。

4. 熟悉参赛流程、赛道情况

所谓知己知彼，百战不殆。熟悉参赛流程保证自己能够顺利进入赛道，不至于手忙脚乱找不到出发位置。其他的参赛选手并非是初跑者的对手，对于初跑者来说，赛道才是你的对手，所以提前熟悉赛道路线和各路段的情况，有利于你选择应对策略。

对赛道情况的了解，大致包括以下几个方面：

一是坡度。上下坡对于配速的影响较大，特别是距离较长的坡，注意分配好体力。

二是折返点。许多比赛会有很多折返点，经过折返点时注意速度放慢，防止意外摔倒。

三是补给点。马拉松一路上的补给非常关键，特别是气温较高时一定要做好补给。赛事服务已越来越完善，补给点很多且补给丰富，但在赛前还是要留意，配合补充盐丸和能量胶的时间。

四是著名建筑物。马拉松也是展现当地城市面貌的一种形式，一般赛事的起终点会放在当地具有代表性的景点，路线也会途径城市中各大著名建筑物。留意著名建筑物，路过时拿出手机留下纪念也是跑马的一种乐趣。

案例分析

上海马拉松

1. 坡度，上海马拉松赛道基本比较平坦，28公里后开始上龙腾大桥。长达近1公里的坡，对于跑者算是个小挑战。特别此时身体已经比较疲劳。更要注意跑姿，上坡时小步快频率，身体稍微前倾一些。下坡时控制步幅。

2. 转弯处，上海马拉松的弯道还真不少。特别是到了云锦路，折返很多。此时要注意，转弯折返处，速度稍微放慢。角度尽量跑得大一些。避免转得过急受伤。

3. 补给点，上海马拉松的补给已经做得很充分。所以不用担心补给的问题，基本每隔2.5公里，就会有一个补给点。水、能量饮料、香蕉等应有尽有。注意自己带好适量的盐丸和能量胶。每进补给点时，即使感觉不到渴也喝一点水或饮料。特别是天气炎热时，避免缺水引起抽筋等问题。

4. 著名标志物，上海马拉松的赛道贯穿浦西许多著名景点：外滩、南京路、静安寺、淮海中路、一大会址、龙华寺、上海体育场等。边跑步边观赏城市风景也是一种享受。

另外一些赛事也会在赛前做探路视频，可以更直观地了解赛道情况。

PART 3

赛前一天

在顺利度过备赛期后，运动能力和水平已经初具完赛水平或者能够度过赛前一周的时间，比赛前一天，你也应当有特别的安排。千万别认为这是临阵磨枪，赛前一天同样大有可为。

1. 饮食安排

赛前一天的饮食安排应当是高碳水化合物低脂，饱腹感达到80%即可，摄入香蕉、猕猴桃等水果，有助于肠道调整。不吃高纤维的食物，避免不消化。

表3-2　推荐赛前一天三餐安排

早餐	香蕉一根、燕麦粥、1—2片全麦面包、300毫升蔬果汁
午餐	蔬菜沙拉、煎鱼肉、米饭、鸡蛋
加餐	脱脂蛋糕、猕猴桃
晚餐	米饭、鸡胸肉、土豆泥、豆角

2. 训练安排

赛前一天可以不安排任何训练，但是如果觉得自己精力足够，安排一次5公里左右较慢配速的放松跑也是不错的选择，能够保持跑步的节奏感。避免安排力量训练和过度的拉伸练习，以免肌肉疲劳或者肌肉过度松弛。

3. 参观博览会

马拉松博览会汇集运动鞋服、营养品、体质监测和辅助训练器材、时尚产品等路跑装备，跑者可以根据自身情况进行装备的选择及购买。在博览会上可以与跑友进行相互交流，包括经验的分享。

博览会上会详尽介绍本次马拉松赛事的跑道情况及相关补给站信息等，跑者可以在博览会上对本次马拉松的相关信息进行了解。

但为了保证第二天比赛状态，如果是有成绩目标要求，适当安排博览会的参观时间，不要逛太累。

4. 睡眠安排

赛前需要充分的休息，通常赛前一天需要提早入睡，睡前避免饮用茶叶咖啡等饮料，以保证睡眠质量。8小时的睡眠是赛前一天必须要保证的，如果平时没有8小时睡眠的安排，可以从比赛几天前开始调整。

TIPS

跑步小贴士

赛前失眠怎么办？

往往很多跑者在赛前因为紧张或兴奋而失眠，这是很普遍的现象。如果是赛前几天一直失眠，可能会影响到比赛的发挥。所以应及时调整，减少训练量，保证饮食和一颗平常心。如果只是赛前一晚失眠，一般不会对比赛有影响，不必太紧张，可以在睡前喝一杯牛奶。

5. 其他准备工作

确认装备、号码簿等物件，将它们放在一个赛事包中，比赛当天出发前可以节约很多时间。

必备物品：号码簿、芯片、习惯穿的运动衣裤和袜子、鞋子、能量胶、盐丸等。

可选择的物品：空顶帽、止汗带、臂套、压缩裤、耳机、腰包、肌效帖、充满电的手机等。

跑者说

比赛准备和补给计划：

斯国松：知名跑者，跑龄7年，全马PB成绩2小时30分。

赛前一天补充足够的盐和电解质，多吃符合平时习惯的易消化的碳水化合物，比如我爱吃米饭，会吃很多白米饭，菜尽量吃简单清淡的。准备赛中的盐丸和能量胶。赛前休息好，以静为主，带防摩擦的装备，一般我就用凡士林。

徐龙：国家一级运动员，国家社会指导员一级，国家公共营养师二级，国家职业资格认证健身教练中级，国家中长跑集训队体能教练，“玄奘之路”商学院戈壁挑战赛教练。

马拉松是一项耗费时间长和花费体力多的比赛项目，因此在赛前运动员的饮食、睡眠、装备及战术安排十分重要。

关于饮食，赛前饮食和平时饮食没有太大的区别，只是赛前要注意少吃或不吃油炸食品、生食以及凉性食物。可以多吃一些牛肉、海鲜、蔬菜、面食、水果，多储备一些糖分和盐。比赛前三天，尽量不要吃海鲜，防止肠胃不适。

关于睡眠，如果有的跑友睡觉质量差，而且赛前也容易紧张的话，建议比赛前一天吃一片安定，但前提是要保证不能睡过头，最好多定几个闹钟，或让家人、朋友叫醒。

关于装备，确定你的比赛装备（洗好、晾干、装好），而且要确保这些装备是你日常长距离训练中已经磨合过的装备。

关于战术，对于途中体力如何分配，建议大家采取匀速跑的策略（专业运动员也基本如此），这样相对更加保险，不仅节省体能，也容易创造好成绩。

关于途中补给，建议大家每一个5公里都要少量地进行一次补给（最好是饮料），如果准备了盐丸和能量胶，建议大家在20公里和30公里两个补水站前200米吃下，然后再进行补给（最好是水），这样效果更好。

米高（王洪剑）：Ironman世锦赛双料选手，铁人三项业余健将，马拉松国家二级，卢湾跑团团长。跑龄4年，参加20余场半程、全程马拉松赛事。全马PB成绩2小时58分、半马1小时23分。

跑全程马拉松我一般会带4根能量胶、10颗盐丸，约每10公里一根能量胶，每7-10公里2颗盐丸，能量胶和盐丸在水站前交替补给。

需要注意的就是赛前一定要排空，避免中途发生上厕所事件，会打乱比赛节奏并影响比赛成绩；穿合适的装备，短裤、背心或T恤、GPS跑步表+心率带、空顶帽、号码带；涂防晒霜，腋下大腿根部涂凡士林防止擦伤；脚指甲赛前一定要认真剪；并且认真研究赛道，尤其标志性建筑物、转折点、补给点等。

PART 4

比赛当天

当你从睡梦中醒来，你就即将面临一场比赛。从起床到比赛出发，初跑者又要做什么样的准备呢？

1. 早起，排空

早起是必须的，基本上所有的马拉松都是安排在上午举行，所以在距离比赛开始前3—4小时，你就应当起床开始准备了。一杯淡盐水后及时排空，以免跑步过程中排空浪费时间。

比赛前半小时，再排空一次。

2. 早餐及营养补充

早餐通常安排在赛前3小时左右。适量而碳水化合物含量丰富的食物是最佳的选择，并且这些食物应当是相对容易消化的。推荐早餐食谱：香蕉、燕麦粥、涂抹蜂蜜或者炼乳的白面包、土豆泥、鲜榨果汁。

比赛中按计划补充能量，将训练的东西用到实处。补充最少30—60克的能量，如果你肠道受耐性良好而且你打算拼尽全力比赛的话，可以增加到90—100克。

补水也要按照训练的习惯来进行，时刻记住保持体温。天气稍凉的时候，汗水流失相对少一些。有研究指出，轻度缺水（流失体重的1%—2%）不会影响比赛表现，但也要避免过度消耗水分。因为缺水稀释电解质，存在严重疾病隐患。

要是你在下半程开始感觉力不从心，不妨试一下吃点含咖啡因（30—50毫克）的能量凝胶或者饮料。有研究显示，适度的补充有助于提高警觉性并带来新的活力。

3. 热身活动

训练前都要热身，何况赛前。千万别以为热身会消耗体力，导致最后跑不动。适当的热身活动不仅能充分调动身体机能，让全身都做好参加比赛的准备，还能有效减少比赛中运动损伤发生的风险。通常的安排是这样的：提前30分钟左右到达出发点，有些比较拥挤的赛事可以提前45分钟到达出发点。开始1—2公里的热身慢跑、下肢肌肉的激活10分钟、充分的拉伸10分钟。

4. 拍照

赛前记录自己的状态，拍几张有意义的照片，何尝不是一种对自己的鼓励。赛道上，有魅力的自然景观和人文景观的位置是不错的拍照地点。如果你是一个追求速度的跑者，不妨在补给点停留的时候抓紧拍照，不仅能节约时间，还能留下一点记录。当然在赛道两旁，同样会有组委会以及各合作单位的摄影师，路过他们的时候，记得摆pose和微笑，最重要的是露出你的号码牌。有一点需要注意的是，拍照时候请注意自己的位置，人多拥挤的赛段不适宜拍照，以免发生冲撞。

5. 选择合适的战术安排

目前常见的比赛策略有三种：匀速跑完全程、前快后慢跑完全程、前慢后快完成比赛。最好当然是匀速跑完全程。通常情况下，初跑者可以跟着“兔子”（配速员）

一起跑，但往往到了比赛后程，会不自觉掉速，跟不上“兔子”，这无可厚非。所以，我们给出的建议是，在比赛后程，只要保证配速员不消失在你的视线中即可。很多初跑者，往往习惯前半程跑太快，后半程跑崩或撞墙。值得注意的是，无论是前慢后快还是前快后慢，速度的变化不是一瞬间的，而是逐渐增加或者减少，骤然改变配速尤其容易出现心脏负荷加重或者不适应的过程。

由于马拉松的时间长、可变因素较多，因此跑出好成绩往往不容易，如果是初跑者或者对成绩有要求可以考虑跟着“兔子”。跟着“兔子”跑也需要技巧，第一选择是“私兔”（非主办单位，参赛者之间自己内部推选的“兔子”），他的水平较高，会给予不断鼓励。如果条件不允许也可以选择“官兔”，由于“官兔”关系着整个赛事的形象和品牌，因此主办方对“官兔”的选择也较为严格，所以“官兔”也是非常靠谱的。如果这两者都无法满足，那你可以跟着前面队员的节奏让自己更加轻松，选择一个步频比自己稍快的选手一起跑，跟着他的节奏也会提高自己的成绩。

6. 选择适合自己的补给方案

补给一定要做充分。国内一般是5公里一个补给点，官方补给站一定是不可以错过的。世界六大马拉松的补给则更加充裕，一般2.5公里就有补给。除此之外，自己也要携带必要的盐丸、能量胶等补给。

初跑者没有形成自己特定的补给策略，所以，跟着赛事官方的补给站是最简单的选择，通常效果也不错，但还是建议自备能量胶和盐丸，或者参照下面的小贴士。

补水通常和补充电解质结合在一起。如果发现自己有抽筋前兆或者发现自己出汗特别严重的情况，应当及时补充盐丸，这比补充电解质饮料更加有效。

经验跑者通常会形成自己特有的补给方式，一般来说，这样的经验式补给方式更加适合与有效，但是同样需要注意的是，不能盲目跟随经验，跑步的过程中需要时刻对自己身体体能和缺水情况进行关注，要会发现身体发出的提示信号，这样才能安全有效。

丁丁说

我对补给还是蛮重视的。除了赛事官方的能量饮料和水都补充之外，我一般会自行携带6只能量胶、3颗盐丸、3颗排酸丸。

能量胶：赛前15分钟、12公里、22公里、30公里、35公里、38公里。

盐丸：赛前15分钟、20公里、33公里。

排酸丸：会在赛前1小时，根据每25公斤体重1颗，补充3颗。

对于能量胶的选择，市面上很多，如PowerBar、美国Clif SHOT Gel、High5、GU Energy Gel、Enervit Gel等，可根据自己喜欢的口味选择。

TIPS

跑步小贴士

能量胶的作用

身体主要通过燃烧脂肪和糖类供能，但脂肪启动很慢，供能效率低，糖类在长跑中起到非常重要的作用。但身体存储在肌肉和血液里的碳水化合物有限，基本上只能维持2小时左右。若从食物中摄取淀粉给肌肉供能，要经过消化，这一过程很慢。由于大脑对能量调控的感觉，来自血糖含量，肌肉运动消耗血糖，大脑收到这一信号，就会产生头晕等低血糖的反馈。此时吃下能量胶可以缓解血糖下降，让大脑保持清醒。但对于肌肉运动，它所提供的帮助有限。

总而言之，能量胶可以补充由于长时间运动身体大量流失的糖分，不至于因低血糖而影响运动表现，但它的作用有限。因此，需要挑选恰当的时机，采用有效的补给策略。

7. 度过极点和撞墙期

在跑出3—5公里的时候，如果运动能力不够，会面临第一个挑战——极点，这是身体从适应状态过渡到正常比赛状态的一个过程，通常会持续10—15分钟，这个时候，你要做的就是适当降低配速，调整呼吸。不一会儿，身体各种不适就会逐渐消失，接下来的一段路程，或过渡到匀速巡航的状态，也就是你跑的最舒服最自在的时候。度过极点，找到自己的配速节奏，并保持，避免在比赛中出现变速或打乱节奏。在逼近30—35公里处的时候，大多数跑者基本都会面临“撞墙期”，你会感受到自己无论如何都跑不动了，腿像灌了铅一般难以迈开步子。这个时候，你要做的第一件事情就是判断自己是因为跑累了还是因为身体不适，如果是因为跑累了，及时补充能量和水分，降低配速完成比赛，如果是因为身体出现不适，尤其是心脏区域出现疼痛，呼吸困难，就应当及时选择退出比赛，毕竟谁都不想倒在赛道上。那么，可恶的撞墙期不撞不行吗？在赛程超过25公里的时候，及时地补充能量和水分，出现撞墙前兆的时候适当降低配速、短暂拉伸下肢肌肉，能有效缓解或避免撞墙期的到来。

8. 比赛时可以做什么

虽然说跑步是一项需要专注的运动，但对于初跑者或者对于成绩没有太大要求的参赛者来说，比赛过程中，你可以做很多事情。在我们对大量跑友调查的基础上，我们发现，大部分跑者会选择途中听音乐、自拍或者纯粹欣赏风景，虽然和其他选手聊天的也不在少数，但我们还是不建议长时间边跑步边聊天，因为这会增加岔气的发生风险，不利于保持呼吸节奏。

跑者说

比赛时可以做什么？

毛大庆：优客工场创始人、董事长。

马拉松是了解一个城市的机会，每去一个城市跑马拉松前都会做一些功课，了解城市的人文历史和城市文化。例如芝加哥跑马拉松，跑到38公里，看了看时间，觉得自己进入430肯定没希望了，就在路边找了个店坐下，喝一杯啤酒，欣赏了5—6分钟风景，然后才慢慢起身跑完后面路程。“我跑步的目的很简单，除了锻炼身体，就是多一个看世界的眼睛，打开一扇看城市的窗户，跑步可以充分地让我融入一个城市，了解这个城市。”也正因为这样，我的每一个马拉松，每次都有不一样的回忆。

9. 比赛的过程中你可以想很多

跑步的过程中思考比赛策略固然重要，但是这样一段42.195公里的旅程，可以想很多。跑者一般会想到配速、心率、步频，已经跑过多少公里，还有多久进终点等。也会想一些跟比赛无关的事情转移注意力。也可以放空自己的大脑，什么都不去想，总之，跑马的过程可以专注自己的内心，自己与自己对话。

跑者说

比赛时会想什么呢？

游培泉：知名跑者，跑龄10年，参加过50多场马拉松比赛，全马PB成绩2小时28分。

赛前总是信心满满，目标过高，跑者需要理性估计自己的水平，给比赛制定一个客观可行的目标。

比赛刚开始很容易兴奋，这时候注意力应该更多放在身体的感觉上，分析当天的状态，并适当地调整比赛计划。前半程总是要提醒自己稍稳一点，不然很容易跑得过快，20公里时状态会很想加速，但需要控制住，往往这时跑得过快会造成最后十公里跑不动。

冰冰龙（毕云龙），慢慢跑跑团团长，参加过40多场马拉松比赛，全马大概10场，全马PB成绩3小时29分。

每场比赛前我都会有很多想法，根据不同的城市、不同的距离、不同的人物产生不同的想法。最希望的应该就是找个顺眼的伴一起跑，能三五成群就更好了。

比赛的时候，我比较随性，状态好的时候跑快点。对于我来说，马拉松赛场是竞技场，更是一场跑者的大聚会，一路上你会遇到很多帅哥美女、新朋老友。享受赛事服务，享受志愿者和群众的欢呼呐喊，跑累了、跑饿了，进站补给，在马拉松摄影师的镜头前留下自己最帅气、最矫健的身姿。

赛后也会超有成就感，迫不及待地发朋友圈宣告全世界自己已经成功完赛。每次跑完马拉松都有种身体被掏空的感觉，那时候能约上一顿大餐那是再好不过了。

柳毅，知名跑者，人称“五环哥”，跑龄3年，参加过35场以上全马及长距离越野赛事，PB成绩3小时20分。

比赛时会想什么其实取决于我们自身对待本场比赛的态度。

从我个人参赛经历的普遍性来说，在参加过一定数量比赛后，再参赛时赛前或者说发枪前都很少会去想什么，如果一定要说想最多的是什么？那应该是在脑子里无数次地叮嘱自己：压住，不要太快，跑自己的节奏，不要“随波逐流”。

比赛中就会简单很多，控制好自己的目标配速，那会不应该叫想，而是在不停地计算，计算时间来衡量完赛时间的各种可能性，然后适时地调整自己的配速。

撞墙期是个比较尴尬的时期，其实在这个时期不管是谁都是负能量满满，为了让自己安全度过撞墙期，我每次在赛前都会想好这个时期怎么来“教育”自己，我会给自己准备好一堆理由，当负能量显现的时候脑子里不停地告诉自己为什么来跑？为什么坚持……而这些答案你必须在开赛前就告诉自己。

赛后是一种身体疲惫后的解脱。你会发现那时候脑海里满满的正能量，不恰当比喻就是那一刻仿佛自己就是正义的化身，就是正能量的代名词。每次赛后说自己不骄傲那是假的，每次不管结果如何我都会在脑海里鼓励自己，因为至少在几年前我连走完1公里都需要十几分钟。

10. 比赛的时候遇到意外损伤怎么办

即便做了充分的热身，但也不能百分之百预防损伤的发生，跑步的损伤可能发生在身体各个部位，但主要集中在下肢。遇到损伤并不可怕，关键是要作出及时正确的处理。赛道周围分布的医疗点是首要选择。遇到抽筋等问题时，可以自行拉伸。面临意外的重大损伤或者身体不适的时候，千万不能和自己过不去，选择退赛是最安全最聪明的选择。

11. 比赛时遇到特殊的状况，该如何从容应对

马拉松总是充满着很多不确定和小插曲，比赛前，你可以对装备、对自己的状态作出千万种调整，但是你却不能改变赛道的环境和天气等不可抗拒的因素，这个时候，你需要做的是随机应变和参考经验。无论如何请记住，在保证安全的前提下，尽可能完成比赛。

（1）遭遇雨战

没有经历雨中马拉松的人生是不完整的。

雨中跑步最重要的两点是保暖和防磨损

雨后，湿透的衣服会加重摩擦的风险，即使你平时磨合过的装备此时也会有摩擦风险。在选择柔软、速干专业跑步服装的前提下，在容易摩擦的部位进行保护，比如男生带上乳贴，在衣服袖口边缘、大腿内侧、运动内衣边缘擦上“凡士林”等润滑剂。

你需要精良的装备

终点准备毛巾和干衣服、鞋子、袜子、厚衣服。

即使不下雨，终点都应该备着一套干爽的衣服，跑完立即换上会缓解一半的疲劳。

帽子、运动眼镜和雨衣。

大风会让你在雨中睁不开眼睛，雨水会从头上直接流到眼睛里面。所以建议如果遇到下雨天，帽子的帽檐能有效地阻止雨水流到眼睛里面，雨如果太大，建议使用全顶的帽子。好一点的运动眼镜都能快速地排水，眼镜性能别太差，否则会起雾，一样会模糊不清。雨衣并不能保证你不被雨淋湿，但是会有效地挡风，轻薄的一次性雨衣能保证你在起点等候的时间里保持体温和较好的运动状态，不会在寒冷中肌肉僵硬而无法跑出最佳状态。

那些容易在雨天忽视的危险元素

补水对于马拉松是一件非常非常重要的事情，千万不要因为雨天空气湿润就觉的补水没有什么必要，跑步中身体的水分还是一如往常地流失，雨水并不会让身体变得不渴，所以雨天跑马还是要坚持正常的补水计划。

当雨水不断地落在头部时，尽量保持头部的干爽，因为身体温度的流失会从头部的失温开始的，所以使用毛巾、空顶帽等让头部干爽会让整个马拉松过程舒服很多。

（2）遭遇高温

从某种程度上来说，高温比雨战更加危险。由于高温导致的中暑，脱水通常都是致命的。那么高温天，我们该如何应对?

调整策略

每位跑友参加马拉松比赛一旦遇到高温酷暑天气，一定要及时调整比赛策略。顺顺利利不受伤地完成马拉松，这本身就是最大的成功。如果是首马，可以在前半程体会一下马拉松的残酷，然后量力而行，有时候暂时地撤退是为了更长远的前进。

调整策略还包括比赛时的补给计划，可能原计划补水的次数在炎热条件下要翻倍，可能原计划带4颗盐丸这时要带8颗，可能原计划跨栏背心要换成长袖跑服了。

匀速前进

全程保持均匀的速度前进，后半程可以适当放慢。高温天最忌讳的就是速度上的太大变化，这会大量增加体能的消耗。稳定配速的时候，身体进入一个惯性区间，尤其在大热天里，身体的耗能达到最合理的水平，给心脏和血管的压力是最小的。从身体外在反应看，就是微微出汗，气息平稳，头脑清明，身心愉悦，俗称就是“跑嗨了”。

选对跑服

不建议在炎热气候下赤膊或穿跨栏背心，一是容易晒伤，二是不利于降温。皮肤出汗或沾水后，有衣物遮盖，相当于有一块湿毛巾帮助保汗降温。如果赤膊则很快就风干了，会加剧体液的流失。

防暑防晒

防暑的要义在于稳定身体的温度，不要超过38℃。而稳定体温的关键在头部。炎热环境下，可以选择帽子或头巾作为辅助散热工具。往头上浇水，让流水带走热量也是很好的办法。但是绝对不建议把冰块直接敷在头上，因为极热极冷会使头部血管难以承受，会诱发偏头痛甚至落下病根。

防晒主要针对皮肤，紫外线灼伤当时很爽，但是跑后会很痛苦。所以，选择防晒霜，选择在行道树的树荫下跑，是聪明的选择。

及时补水

在每个水站，要比训练时多喝50%以上的水，同时把手持水瓶灌满，确保无论何时，手里都有至少200毫升的水。另一个重要提示是，因为只有全身失水到了一定程度后，口腔才会触发“我渴了”的感觉。所以，千万不要等到感觉口渴了再喝水，那时候已经晚了。一定要时不时地小口慢喝，避免出现口渴的状况。

及时补电解质

所谓中暑，是指在炎热气候下，身体的体温调节失衡、电解质代谢紊乱造成的心脑血管和中枢神经障碍。可以看到，电解质紊乱是罪魁祸首之一。因此，比赛时除了补水，补盐也是重中之重。盐丸是最直接最有效的电解质补充来源，强烈建议在炎热条件下比赛的跑友多带几颗，并且按照出汗量和身体反应及时补充。

注意信号

人的身体有一整套科学严谨的自我保护机制，在遇到危险时，身体会发出很明显的信号。除了刚才谈到的口渴、头昏眼花、耳鸣、心慌、胸闷这些状况外，还有诸如注意力涣散、忽然脑海翻腾、不经意间打了冷战、暂时性的失聪、心区忽然阵痛等，这些都是严重身体损伤的信号。

量力而行

很多初级跑者的心中，认为马拉松既然是考验毅力、磨练品质的运动，那么无论在什么情况下，我都要坚持，都要向前。理念没有错，错在了执行上。多少人在赛道上倒下，就是因为那“不甘心”。

（3）高原恶战

马拉松在全国遍地开花，高原也不例外，云南、贵州、甘肃等高海拔地区都有数量不少的马拉松。高原对于低海拔地区的人来说，直接的威胁就是心肺功能受阻，运动表现下降甚至出现高原反应。你需要做的就是放慢速度，控制好自己最舒适的心率跑完全程。同时，高原地区的赛道通常爬升下降很多，在不同路段，选择不同的跑姿度过能有效减少对下肢关节的冲击力，保护关节。如果一旦出现呼吸急促、头晕的症状，及时寻找医疗援助，吸氧能最有效地缓解症状。当然，提前服用类似红景天、高原安等中药同样能减少高原反应出现的几率。很多经常跑高原赛道的跑者推荐，赛前几天口含西洋参片同样有助于减少高原反应。

（4）严寒

适度的低温（10℃左右）对于跑者可能是好事，温度相对较低时比较容易出成绩，但如果在10℃以下甚至0℃及以下，就要特别注意防寒了。上半身可以穿一件防风风衣。下半身穿长的压缩裤或弹力裤。除此之外，手套、冬帽也尽量佩戴。

天气寒冷时，热身也变得尤为重要。关节肌肉在温度较低时会变得僵硬，在比赛前一定做好充分的热身。

（5）大风

一般海滨城市的赛道，风可能会比较大，马拉松六大满贯中芝加哥也是大风的天气。遇到大风时，跑姿要特别注意。身体尽量保持正直，小步幅快频率。如果有“兔子”或者身边很多跑者，也可以选择跟跑，除了可以减少一点风的阻力，遇到跟自己接近的节奏，跑起来还是蛮舒服的。

（6）多坡

旧金山就是一个多坡的赛道，国内大连、杭州等马拉松也都是多坡的比赛。一般这样的比赛跑者不会作为PB的赛道，可能更多的是赛道比较优美，体验为主。但是多坡对跑者也是不小的挑战。除了体能的安排要得当、前半程控制配速外，上下坡的技巧也特别注意。上坡时注意不要弯腰，身体正直加快步频，缩小步幅。下坡时，往往控制不住步子往下冲。这是千万要注意的，因为下坡地面对腿部的冲击很大，容易受伤，所以下坡时应收住步子。

（7）其他恶劣环境

天有不测风云，赛道上突然有车闯入、突发地震、突发恐怖袭击等都有发生过，这种情况下，我们需要做的不是去完成比赛，而是去保全自己的生命安全。提高注意力，及时观察周围的环境，迅速撤离现场或者找到安全的掩体和场地隐蔽才是最佳选择，其间注意，切不可慌张，冷静应对。

12. 注重跑步礼仪

（1）比赛日提前到达

比赛日要按照要求到达比赛场地，至少提前1小时到达现场，这样会有足够的时间存放衣物、找到自己的出发区域，并且做适当的热身运动。如果迟到的话，会给自己心理上带来焦躁，也给赛事组织者带来不必要的麻烦。

（2）遵守出发位置安排

根据自己的配速选择配速区。因为不同的配速，选手的起跑速度不同，如果起跑速度过慢，可能会被后面的选手推倒，造成不必要的伤害。拼命向前挤，同样不是跑者的好礼仪。

（3）礼貌进补给站

进入和离开水站的时候都需要使用手势，这样可以警示后面的选手你会减速、进入水站，同时要向后观察，在和别人没有冲突的前提下离开主赛道进入水站。当补完水之后，需要加入到主赛道的选手队伍中，也要先伸出左手让后面的选手知道你要加入。注意在离开或进入队伍中，都不要从别的选手的前面穿过，以免造成不必要的碰撞。

（4）跟随跑和伴跑的礼仪

跟跑时可以跟在设定目标跑者的身后，但注意至少要保持2米以上的距离，不要让被跟随者感到不适或注意到你的跟跑，除非对方是知晓且同意的。伴跑应该要跟在对方身后，保持在两个肩距左右，而不是压着别人去跑，那是非常不礼貌的。

（5）最后200米的礼让

当跑过42公里之后，只剩下最后195米。这时候很多选手会选择加速，在通过终点区之后，要迅速靠边离开，为后面的选手留出足够的冲刺空间，避免被他们撞倒。好的跑者会留心他们会超过的其他跑者。马拉松不是你死我活的竞赛，冲线之前，观察一下你身边的跑者，给老者、盲人跑者和其他比你身体情况差的跑者机会风光重现，也是赛道礼仪。

（6）赛中垃圾的处理

参赛选手有义务维护赛道的环境卫生。在补给站领取的饮用水杯、水瓶或食品包装，应该放到指定的垃圾站或沿途的垃圾箱，而不是随意丢弃在赛道上。这样不仅对赛道及城市的环境造成了破坏，也会给后面的选手带来不便。

特别提醒：做一名有素质的跑者，严格遵守比赛规程，特别关注比赛禁止的行为。

PART 5

赛后恢复期

经历了上述复杂纠结的过程，你也差不多完成了比赛，但这距离你的完美马拉松结束还有一段距离，那就是赛后恢复期。既要“瞻前”也要“顾后”。

1. 体验赛后服务

马拉松赛事服务做得越来越完善了。完成比赛后，大家做的第一件事情就是领取完赛包、奖牌，到选手休息区域休息。也有一些赛事安排了跑后按摩区，可以让肌肉得到尽快的放松。

TIPS

跑步小贴士

东马43公里

六大满贯之一的东京马拉松以细致贴心的服务而著称，被跑友成为“东马43公里赛道”。所谓的43公里是指在比赛42公里结束后的1公里仍然可以享受比赛的待遇。长达一公里的服务让每位跑者都像英雄凯旋一样得到最真诚的认同。完赛浴巾、完赛奖牌、舒缓喷雾、完赛补给、领悟引导和完赛鼓励、存包领取等。一切井然有序，无愧于最值得跑的马拉松比赛之一。

2. 晒朋友圈

每到赛季的周末，如果你有很多跑步的朋友，朋友圈一定会被比赛刷屏。赛前晒定装照，赛后晒完赛成绩和感受，成为跑马者的必备流程。有晒比赛成绩的、赛事有趣的人和事的、赛道风景的等，即使没到现场，也通过朋友圈对赛事了解个大概了。晒朋友圈也算是跑者记录比赛经历的一部分。

3. 赛后半小时

比赛中总是碰到好多跑友冲过终点的一瞬间，为完赛或者PB而激动兴奋着。但千万不要马上停下来哦，因为冲线一般会拼尽全力，如果马上停下来，对心脏压力很大。所以，冲过终点线，要慢跑或走几分钟，等心率平静下来再停下休息拉伸。

4. 补充水分和适量食物

身体疲劳的一个重要原因是机体糖原的消耗和体液的流失。能源物质的及时补充和足量储备是消除疲劳和预防重度疲劳发生的关键因素，及时补充流失的体液和电解质能改善机体内环境、平衡体液，防止出现抽筋晕厥等严重后果。

在饮食的补充上，我们重点关注糖的补充，训练或者比赛结束后的2小时内，是我们所说的糖原窗口期。在这2个小时内，应尽快补充足够的易消化的含糖量高的食物如蛋糕、香蕉等，这比其他恢复手段更加有效。

在水和电解质的补充上，我们建议饮用电解质丰富的运动饮料，尤其是镁元素含量较高饮料，镁元素是机体内超过300种酶的重要组成元素，保证酶的有效生成和活性让机体主动消除代谢废物，减少肌肉酸痛等症状。

保持训练的跑步爱好者通常需要摄入更多能量，并且在食物结构和安排上更加人性化。

5. 做全身充分的拉伸（详情请参考第2章）

都知道跑后一定要做拉伸，但是并不是跑步一结束就拉伸，在休息20分钟左右后，心率已经恢复的状态下，循序渐进进行拉伸。完赛后肌肉是脆弱的，拉伸的时候尤其要注意力度的控制。

拉伸本身作为一种常见的柔韧性训练方法，目前已经被广泛用来作为疲劳消除和损伤预防的手段。赛后或者训练后拉伸，对肌肉酸痛，尤其是延迟性肌肉酸痛具有很好的缓解作用。拉伸肌肉后，肌肉组织代谢加强，乳酸等代谢废物消除加快，可以帮助机体恢复到更好的状态。

作为恢复手段的拉伸通常为静力性拉伸，拉伸动作到位后持续时间较长（至少15秒），且没有晃动，这样更加能够松解紧张的肌肉，达到放松的效果。通常需要拉伸的肌肉群有：小腿后侧肌群、大腿前侧肌群、大腿后侧肌群、髂胫束、臀部肌肉等。

6. 赛后消除马拉松疲劳的其他方法

比赛后当天：冰敷或冷水浴

运动肌肉摩擦，在跑后容易酸痛，特别是第二天感觉尤其明显。比赛结束后，如果现场有提供冰袋，可以做一下冰敷，或是回到酒店冰敷。最好是冷水浴，可以有效放松全身。

第二天：按摩

运动按摩疗法能有效松解粘连，恢复肌纤维正常排列顺序，一来保证肌肉周围血液供应充沛，二来保证了肌肉结构内部肌浆网的畅通。同样，我们在赛后应当在适当进食休息后再开始进行按摩，通常的按摩部位为双侧下肢及臀部的大肌肉群，手法宜采用轻快的按揉按压等手法。整体按摩时间不宜超过20分钟，并且需要在按摩的时候注意，身体疼痛部位不应立即采用按摩手法。

泡沫轴、网球放松（详情请参考第4章）

泡沫轴是目前比较流行的一个放松工具，也是治疗工具，具有很好地放松肌肉的作用，由于全程产生的压力来自于身体自重，所以相对安全。

然而目前泡沫轴造型多样，有普通的滚轴形、空心的桶形、狼牙棒状的以及带有震动功能的泡沫轴，这几种在原理上都一样，只是不同形状对于肌肉的刺激作用强弱有差异。

泡沫轴的使用有专门的方法，通常购买后说明书上有标注，但是运动防护师通常会创造出更加具有针对性的使用方法。值得注意的是，泡沫轴使用并不能随心所欲，由于是在不同体位下利用自重进行肌肉放松，所以对身体姿势有要求，不恰当的姿势不仅不能达到效果，甚至还会因为姿势不当，造成其他部位的疲劳和酸痛。

通常的方法是：将工具放置在地板上，把腿、手臂或背部放在上面施加压力，如果感觉压力适中，让球慢慢沿肌纤维走几次，在感觉很僵硬或很敏感的部位停留一会。一般来说，工具要从身体的末端向中心移动。如果感觉在肌肉的一端至另一端来回移动比较有效的话也可以。如果肌肉已经发炎或者过度疲劳，过度的刺激会使得情况恶化。因此，在使用过程中要根据身体感觉，随时调整动作和力度。

网球放松最开始来自于一种疼痛治疗手段，而后被应用到疲劳消除上，其原理和泡沫轴相同，只是网球体积更小，能够作用于泡沫轴不能使用的部位，例如足底、肩胛骨周围肌肉等。可以这么说，网球是一种更加局部的泡沫轴替代者。

跑者说

赛后如何恢复和训练？

郝双燕：现役国家定向队队员，跑龄13年，从2013年开始参加马拉松。参加过6场全程马拉松，全马PB成绩3小时01分。

比赛后换衣服换鞋，进行慢跑和拉伸，拉伸时力度要适度，不可太用劲，有轻微拉伸感就可以。回家之后用冷热水交替冲腿，做一些按摩，之后的半个月时间可能都是以慢跑作为主要恢复训练。饮食方面，我觉得就看个人习惯了，有的肠胃不好就尽量吃一些清淡的食物，主要以摄取碳水化合物为主。比赛之后，休息两到三天我才会慢跑恢复训练，而具体的恢复训练方法也是因人而异，就比如我觉得隔天排酸跑的这种说法并不适合我。跑一场马拉松比赛之后的身体恢复，我觉得最主要是看完赛时间，跑得快的损耗多，可能需要4周左右才能完全恢复肌体功能，才能正常开始下一阶段训练，不提倡高强度背靠背的比赛模式。

顾怡雯：知名跑者、姿势跑法教练，跑龄13年，全马PB成绩2小时57分。

比赛当天：比赛冲过终点后，一般会慢跑或走10多分钟，然后进行简单拉伸。回家或酒店后会用冷水冲洗。

比赛第二天：完全休息或游泳，并泡沫轴放松。

比赛第三天开始以有氧轻松跑恢复训练。

若接下来没有比赛计划，一般会调整两周，再进行正常训练。若近期还有比赛计划，则恢复一周后，开始准备下一场比赛。

李伟：知名跑者，马拉松教练，跑龄20年，全马PB成绩2小时17分。上海首届半程国际马拉松冠军、上海崇明国际马拉松冠军、新加坡日落马拉松冠军等。

比赛之后可以用冰水冷敷，柔和拉伸，切勿硬拉。赛后安排几天慢跑排酸，跑步时长慢慢地增加，让自己的身体血液循环加快达到排酸的目的，周期要根据每个人的情况而定，这是积极的恢复方式。还有消极的恢复方式，跑完马拉松后直接休息，不运动，靠身体的自我修复能力恢复正常。这种方式会让恢复周期变得更长。

PART 6

跑马安全及赛道急救常识

参赛选手安全提示：

保障运动员安全是马拉松赛事最重要的工作之一。在组委会、卫计委的指导下，全体医疗保障团队包括医护人员、急救队员和医疗辅助志愿者都将整装待发，用心守护每一位跑者。

主办方的保障虽然到位，但危机依然无处不在，2017年来的各大赛事中，突发状况屡见不鲜，悲剧的上演让所有人心痛。为了确保所有人安全完赛，以下信息是每个参赛运动员都应该了然于胸的。

1. 赛前健康自检

（1）如赛前一周内出现如下情况，请选手寻求医生指导，谨慎参赛或遵医嘱

- 感到胸部中等程度疼痛；
- 有心脏病史，如严重冠状动脉病（心绞痛）、严重心律不齐等；
- 咳嗽并伴有粉红色唾沫；
- 有高血压，吃了降压药血压仍超过120 / 80毫米汞柱；
- 一周内患过感冒；
- 四肢出现浮肿；
- 出现过敏症状。

上述情况意味着运动员存在健康风险，不宜参赛并需要获得医生的诊治和指导。

（2）如赛前存在以下情况，运动员应量力而为，降低竞赛强度（配速）

- 在运动量较少的情况下，感到疲劳；
- 对运动缺乏热情，食欲下降甚至运动时感觉恶心；

- 同样的运动量后，恢复的时间更多，效果也不理想；
- 静息心率和运动心率都有明显升高；
- 整天精神萎靡，工作和运动效率低下；
- 运动后睡眠质量反而变差，易醒甚至失眠。

2. 比赛期间的安全注意事项

比赛期间，赛道沿线有医疗站、急救队员和医疗辅助志愿者分布其中。如果你或者你的同伴发生意外情况，请大声向附近的医生、急救队员、志愿者呼救或者拨打赛事公布的紧急救护电话。

电话呼救时，请清楚地说明你的位置（公里数、标志物、门牌号等）、伤者状况。急救队员和志愿者会及时赶到，进行紧急救护。如情况严重，现场待命的救护车也会及时赶到。

（1）有需要，请呼救

遇到昏迷的选手请勿急于掐其人中。此时应大声呼救，以获得急救人员支援。如果你不知道如何处置，请陪伴至急救人员到达。过程中应使伤患保持平躺姿势，不要着急扶起（包括坐立）。我们真切呼吁所有的工作人员、热心助人的选手和观众，包括求助者的队友、朋友——不要轻率拉起、扶起昏迷、体力不支无法保持站立、坐立姿势的伤患。

（2）在比赛中，任何伤病经医生检查并确认后要求你暂停甚至退赛，建议能采纳意见

在比赛中，每位参与者都有义务关心同伴的身体状况，如果你的同伴有任何不适需要帮助，请你及时呼救并陪同等待救护人员的到来。每位参赛选手应根据当时自身的身体状况，量力而行，如出现体力不支、胸闷、胸痛、心慌等状况，应懂得“放

弃”及时退出活动，以防发生意外。

（3）关注自身安全

如果自己感觉不适，请放慢节奏或稍作休息，如有需要请向工作人员、身边跑友求助。千万注意：不要离开人群的视线到赛道外自行休息，确保让大家知道你的状况。医疗站和赛道急救志愿者很乐于为你提供帮助和服务。

（4）选手提前安排早餐，勿空腹参赛，低血糖不仅影响运动成绩，严重时也会致命

高温天气运动安全建议

夏季高温天气，给竞技状态、日常训练带来不小的挑战。近年来的赛事中，也频发中暑甚至心脏骤停的猝死事件。

高温天气下举办的赛事，向进行训练和参赛的选手建议：

当气温高于38℃，伴晴朗天气时，户外运动超过60分钟便有中暑的机会。

无论日间或夜间，当气温高于24℃时同样需要注意防暑。

跑友训练及竞赛防暑建议

① 即便你已经具有相当好的运动能力和身体素质，仍需要防范中暑。

② 赛前充分休息，切忌缺乏睡眠。

③ 避免过量训练和频繁参赛，让身体充分休息。

④ 衣着宜快干、排汗透气。

⑤ 白天运动、比赛建议带有帽沿的运动帽子，避免阳光直射眼睛。

⑥ 即使只是进行1小时以内的运动，仍需要备充足水分，尤其电解质饮料，训练后及时补给。

⑦ 如果运动app或检测设备提供“水合作用”的预估参数，建议补充量不少于水合作用的参数值。

⑧ 如果运动中出现如下症状，应警惕为中暑先兆或症状：

· 眼睛灼痛；

· 头疼，尤其是搏动性头疼；

· 头晕；

· 呕吐或呕吐欲；

· 体温持续高于38℃；

· 肌肉痉挛，尤其大腿内侧肌肉痉挛。

⑨ 高温天气下运动建议降低运动强度。

跑者说

首马感受

赵文龙，知名跑者，西安怪兽跑团团长、新浪十佳跑团、微博十佳跑团团长，跑龄4年，参加过41场全马、半马比赛。

首马感受：最初开始夜跑就是为了逃避。逃避“肥胖”，逃避“懦弱”，逃避“吃喝”，逃避“无用社交”，逃避“半途而废”，逃避“自己当时的种种不堪”。

对于很多人来说，马拉松是跑者用来证明自己的最好赛场。对我来说，马拉松只是我为了去陌生城市享受美食、感受历史文化与人文风景的一个理由而已。从第一场开始我就给自己定了“远大”的目标，马拉松比赛可以不用跑得那么快、那么拼，跑得慢了才能更好地感受赛道两旁的氛围，感受这相同的“42.195”的数字和不同城市的风景。比赛的时候我还会多带盐丸和能量胶，一路上帮助、分享给很多人。今后的每一场马拉松我都会带很多补给，送给路上有需要的人。

小苏，42旅创始人，跑龄8年，参加过50场马拉松及越野赛事。

首马感受：第一次开始跑步是在2009年10月，但却没有坚持，一直到2012年才又重新开始跑步。从2012年12月的第一个半程，到2013年1月的第一个全程，其实并没有想太多，只是想试试自己是不是能够完成一场马拉松。

为了完成我的第一场马拉松，我制定了6个月的训练计划。最初的想法是想完成首马后就算是个了断，因为本身也不是特别喜欢跑步，跑完全马之后就“卸甲归田”，再也不跑了。可真的去跑了之后发现，马拉松其实没有想象中的那么痛苦、那么难。于是就想再跑第二场、第三场……一直到现在，跑过很多比赛，也跑过很多国家，我的工作、生活，也越发的与跑步分不开。

吴洋，福晟集团高级副总裁，跑龄2年，参加过20余场半程、全程、越野赛事。全马PB成绩4小时21分。

“人不是因为衰老才停止跑步，而是因为停止跑步才衰老。”正是跑马拉松，驱散了我身体内多年深藏的“阴霾”，每当我跨越42.195公里终点时，我都感到非常的快乐。

2015年4月，长期高强度的工作以及无规律的作息，我有生以来第一次住进了医院。出院后的一次朋友聚会上，好友也是本书作者肯尼亚丁苦口婆心地劝我跑步，2015年5月20日我终于迈出了第一步。

2015年11月8日，迎来了我人生中第一个半程马拉松赛——上海国际马拉松赛。心情不免有些忐忑，但我不断告诉自己，奔跑的每一步都是在超越，享受就好。当我在赛道上奔跑的时候，突然发现身上充满了无限激情与能量。

跑步绝对是一件特别诚实的事情，你所有的付出都会在能否PB中得到答案。但在2016年9月25日的柏林马拉松之后，我对PB有了全新的认识。柏林马拉松的35公里处，我的双腿开始不断地抽筋，最后的7公里，我几乎是拖着双腿一瘸一拐地坚持到终点的。最终，我以4小时21分14秒的成绩PB了赛前所设定的目标。虽然我享受到了PB的喜悦，但失落的感受更加强烈，我开始思考，PB到底有何意义？

真正的跑者，并不是每一次奔跑都要用PB来证明自己 。真正的PB，是既能充分领略42.195公里沿途的风光，又能够摘得终点胜利的果实。奔跑让我减重了近30斤，血压从严重超标回到正常值。多年职业生涯的辉煌与悬念都在身后渐行渐远，我感觉前所未有的轮廓硬朗、血流畅快。

马拉松让我从内心深处享受着从地狱到天堂的感觉。马拉松让我懂得：跑者的PB需要科学有效的方法以及严格制定的计划。优于别人，并不高贵，真正的高贵，是优于过去的自己。

第4章
CHAPTER FOUR

马拉松赛后的损伤康复与身体恢复

前言

在长跑训练中人们常说“没有痛楚，就没有收获”，意思是长跑过程中必须经过有痛感这个阶段，才会有所进步，以至于许多沉浸于跑步过程之中的人都认为，跑步时或跑步后身体的不适和疼痛是暂时的，只要继续训练痛感会自然消失——这是缺乏经验的跑者对跑步损伤认识的一大误区。

有些轻微的损伤会自然恢复，但有些损伤如果不进行及时的处理就很容易造成更严重的后果。一位马拉松爱好者说：“刚开始跑的时候就是玩玩而已，觉得跑步特别简单，是个人都会跑，跑马拉松也就是看能不能坚持而已。但随着跑步的距离越来越长，真的站到马拉松赛道上去的时候，就完全不是这么回事了。最初我毫无章法地坚持每天至少跑五公里，但事实证明，瞎跑不仅对成绩提高没有帮助，还容易把身体跑伤。”

在跑步这项运动越来越普及的今天，防止运动损伤的意义也越来越被人们所认可，伤病是运动最大的敌人，对运动损伤的预防重于治疗。

此外，跑步后的身体恢复也是训练中很重要的环节。其不仅是为了休息好，更是为接下来的训练保证好状态。

在本章中，你将会系统地认识到跑步损伤是如何产生的，并学会正确地预防、处理跑步损伤。跑后如何安排训练做好身体恢复，遵循本章所介绍的科学康复方法，相信你的马拉松之路会走得更长。

易居跑团
A30307
光明
CHANGEU
A35113
NRC
ELITE
A Joe Vision

丁丁说

>跑步的前提是健康

跑步是为了健康，而不是把自己跑伤。如果高强度的训练不加以科学的恢复、调整的话，那一定会跑得伤痕累累，更不用说出成绩了。

我在跑步初期，也曾经饱受运动损伤的困扰，常见的运动损伤我基本都遇到过，像水泡、黑趾甲、髂胫束综合症、大腿肌肉拉伤、胫骨骨膜炎、足底筋膜炎、跟腱炎等。这主要是由于在初期运动能力提升的过程中，速度的提升和能力的提升尚未完全匹配，超出了身体能够承受的负荷，所以比较容易受伤。但后期经过针对性的科学训练和恢复，我不仅把这些伤痛都克服了，还掌握了一些让自己恢复得更快的方法和技巧。当然这也是伴随着运动能力提升而水到渠成的结果，坚持正确地跑就越来越不容易受伤。

这一切都让我能够更好地避免运动损伤。随着运动能力和恢复能力不断提升，现在我身上基本没有可以影响跑步运动的伤病，这也是我在马拉松比赛中不断创造PB的前提。

马拉松的运动恢复和损伤康复是一门复杂的学问，只有系统地掌握其中的科学方法，才能越跑越快乐，在马拉松之路上走得更远。这一章将会以我的亲身经验和大量调查数据为基础，系统地介绍关于马拉松运动损伤和恢复的专业知识和科学方法。

PART 1

人人都能跑步，人人都会受伤

跑步损伤和伤痛是马拉松运动中极为常见的现象，几乎所有的马拉松跑者都曾遇到过不同程度的跑步损伤。多项研究发现，跑步中存在一个“受伤门槛”，每个人只要越过自己的这个门槛，都有可能会受伤。而对于跑步爱好者而言，不管身体的哪部分受到损伤，精神上受到的负面影响往往都比肉体的损伤要来得更加强烈。

1. 了解并重视身体的损伤警告

在我们收到的746份有效调查问卷中，几乎所有的调查对象都表示在跑步过程中遇到过损伤和伤痛，并且有75%的调查对象了解跑步运动相关损伤和伤痛的专业知识，但只有不到30%的人会寻求科学的损伤恢复方法。

首先需要明确的是，运动损伤与运动伤痛是两种不同的状态。在训练时身体系统必然会产生相应的变化，促使身体超量补偿机制的出现，所以在长距离跑步或长时间训练过程中感到痛苦和疼痛很常见，但造成异常损伤之后就需要警惕了。

TIPS
跑步小贴士

酸痛和损伤的区分

正常酸痛情况	损伤警告信号
身体两侧疼痛	身体一侧疼痛
痛点在肌肉中心	痛点在关节
发生在训练强度、持续时间发生变化等调整之后	每天都有
热身后好转	练习时更加糟糕
日渐好转	日益恶化或者持续疼痛
不影响身体姿态	影响身体姿态
整体的	局部的

人体的运动系统包括骨骼、关节和肌肉三部分。其中，坚硬的骨骼构成了人体的支架，起到了支撑人体、保护内脏等作用，由于其坚固性，骨骼在运动中并不易损伤。而除骨骼以外的其他组织将全身的骨骼有机地连接在一起，并赋予其力量和灵活性，包括肌肉、韧带、软骨等，统称为“软组织”，这也是最常发生运动损伤的部位。

2. 下肢损伤在马拉松运动中极为常见

在马拉松运动中，脚趾、脚踝、小腿、膝部、大腿等都是比较容易受到损伤的部位，最常见的运动损伤包括：脚趾甲脱落或甲内充血、水疱、髂胫束综合征、岔气、肌肉拉伤、足底筋膜炎、延迟性肌肉酸痛、肌肉痉挛、过度训练、踝扭伤、跟腱炎、胫骨骨膜炎、鹅足腱损伤等。

国外学者Van Gent于2007年发表的文献综合研究了8份有关跑步受伤的统计资料，报告指出中长距离赛跑时，选手下肢受伤的概率介于19.4%—79.3%之间。显而易见的是，在挑战人体极限的马拉松运动中，跑者下肢受伤的概率将会大大提高，90%以上参与调查问卷的马拉松跑者都曾遇到过不同程度的运动损伤。

图4-1 马拉松运动中曾遇到的运动损伤

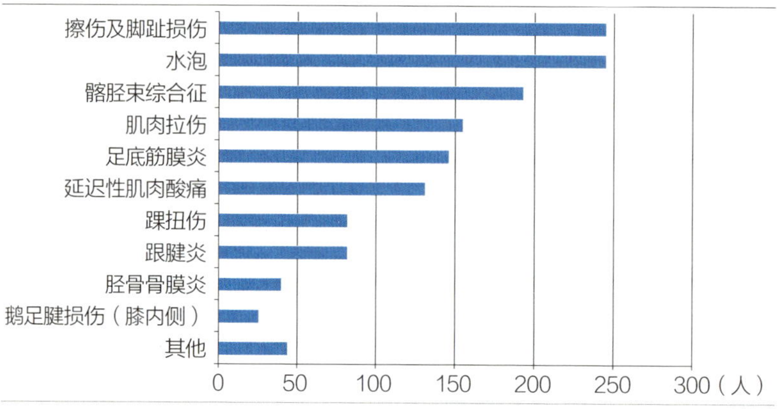

分跑龄段来看，调查结果显示，1—2年及2—3年跑龄段跑者遇到运动损伤的人数最多。可见，当跑龄达到1年以上的时候，跑步所积累的损伤越来越多，也更容易在运动中或者运动之后出现反复；而当跑龄达到3年以上，选手们的能力越来越强，对运动损伤的应对和处理能力提高，遭遇运动损伤的人数占比有所降低。因此，2年左右跑龄的跑者应当提高对自身跑步状况的评估能力，适时发现跑步过程中出现的异常情况，并进行及时妥善处理，否则一旦出现后遗症，容易长期影响运动机能。

TIPS

跑步小贴士

一直在水泥地上跑步是不是很容易受伤？

根据《Running Times》的相关文章并结合跑者经验，各种路面对脚的反作用力的大小如下：水泥路面>沥青路面>塑胶跑道>土路>草地。

水泥路面是最硬的路面，腿部关节所受到的冲击力最大，会增加受伤机率，一般不建议。

沥青路面是路跑遇到的最多的路面，也是通常比赛所安排最多的路面，所以平时你无论是在操场训练还是在跑步机上跑，最好都要增加沥青路面的实战训练。

在马路上跑步要注意的是，路面为了排水会有微微的坡度，这会对跑姿造成一定的影响，也会使左右腿的受力不同，所以训练时最好靠左靠右都跑一遍，让两条腿的受力机会达到平衡。

3. 防患于未然，将损伤降到最低

在学习处理跑步损伤和伤痛之前，首先应当了解其成因。跑步受伤的原因有两大类，一是个人因素，包括性别、年龄、运动经验、体重、柔韧性等，二是训练因素，如热身、时段、速度、场地等。

以上这些因素有些是可以改变的，有些则不能。要减少跑步损伤和伤痛，跑者最好先着手解决能够改变的因素，比如减轻体重、改善体质、改善不良生活习惯等，然后进行科学训练，加强肌肉和骨骼力量等。在这些改变基础之上，其他一些难以避免的跑步损伤和伤痛就需要寻求专业的治疗了。

然而，在我们收到的有效调查问卷中，仅仅只有26%的跑者在受伤后会主动寻求专业的运动医疗帮助；58%的跑者表示一般会“自行处理”；另外有12%的人选择“忍着，不做处理”。其中最后这一种是最不被提倡的做法。

图4-2　跑步受伤后如何处理

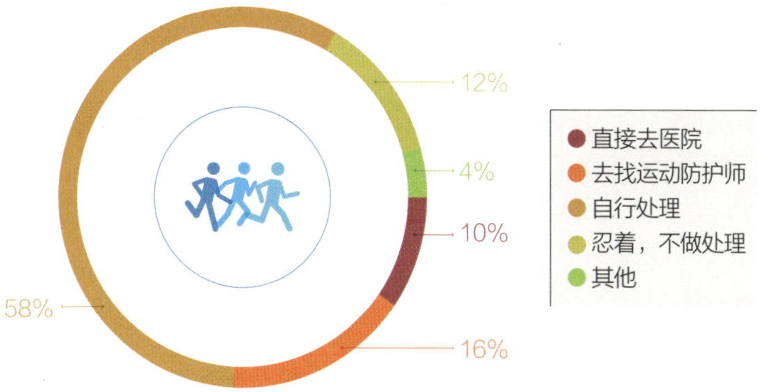

因此，无法准确判断自己身体受伤情况究竟如何的时候，寻求专业医疗帮助是最稳妥的办法。尤其是在比赛过程中出现突发情况时，更应当如此。

在马拉松比赛过程中遇到意外的情况并不少见。调查问卷统计结果显示，60%以上的跑者在参加马拉松比赛时都遇到过意外情况，占比最高的几项包括肌肉酸痛、抽筋、撞墙、岔气、腹痛等，其他如脱水、低血糖、崴脚、中暑等意外情况也经常在马拉松赛事中见到，心脏相关病症、休克等极端情况则相对罕见。

图4-3　马拉松运动中曾遇到的运动损伤（人）

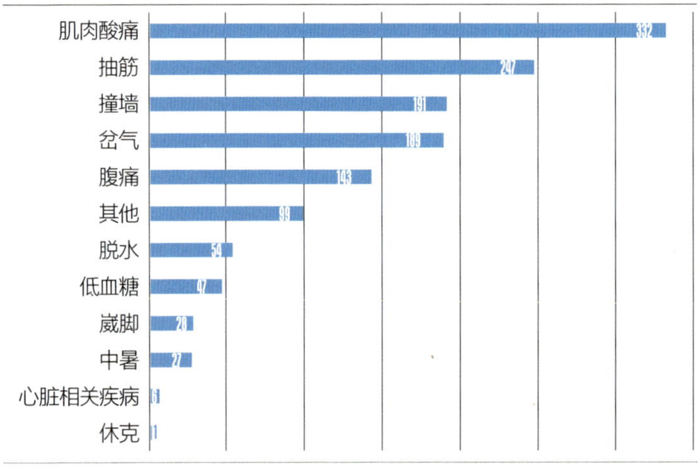

所有正规的马拉松赛事中，都有专业的医疗救治服务站，赛道上也通常都安排有紧急救助的志愿者随选手一路前进。因此，在参赛过程中遇到紧急意外情况千万不能大意，该寻求医疗帮助时不要犹豫，留下严重伤痛或后遗症就得不偿失了。

TIPS

跑步小贴士

跑步机伤膝盖吗？

首先，跑步机的跑台如同塑胶场地一样具有弹性，相比路跑的水泥沥青路面，能更好地减少膝关节的负荷，并且由于较好的弹性，甚至可以不选择缓震型的跑鞋而直接选用竞速鞋来训练。

其次，在跑步机上也可以调整跑步机的速度来改变自己跑步的节奏，很多高手都有调整速度的习惯，几乎没有谁在跑步机上一直保持着匀速。很多时候，跑步机导致的跑步损伤是因为你不知道如何去调节跑步机速度。

最后，跑步机上跑步可以设置一定的坡度，这样不仅能减少对膝关节的冲击，还能锻炼腿部力量。腿部肌肉强大是保护我们跑者不轻易受伤的关键因素。

PART 2

十大常见跑步损伤的预防和处理

当你进入马拉松赛道，并希望快乐而持久地体验这一过程，认识跑步损伤并学会处理它就成为一门必修课程。我们通过大规模的调研，总结出了马拉松跑者最容易遇到的十大运动损伤，在这一部分的内容中，你将会全面认识它们，并得到科学的预防和处理建议。

TOP1 擦伤及脚趾损伤

【简介】皮肤受到磨擦而产生的表皮破损，伤处可有出血、擦痕、液体渗出及表皮脱落，属开放性损伤。

【症状】皮肤表层破裂、撕脱、组织液及少量血液缓慢渗出，伴随有较为强烈的疼痛感。

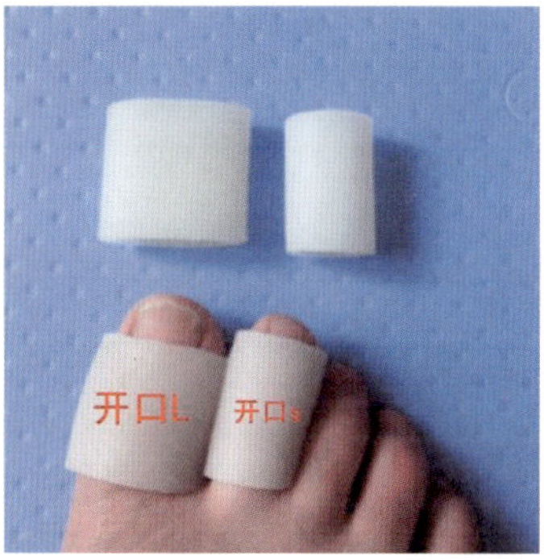

【擦伤的处理】

Step1：用生理盐水冲洗伤面后用干棉球将伤面清理干净。

Step2：用常用消毒液消毒伤口。

Step3：伤面较大时，建议涂抹含有氧化锌的抗菌乳霜保护伤口。

【擦伤的预防】

装备的选择

1. 外层选择合成纤维的专业运动服，透气、排汗，保持干燥；避免穿着全棉运动服装。

2. 内层选择贴身不束缚的紧身衣服，运动背心等均可。

3. 裁剪掉所有衣物上的标签。

辅助品保护身体

1. 在易摩擦部位抹润滑剂或使用保护性贴布。

2. 重视补水，减少汗盐：体表的汗盐颗粒会如同砂纸一般折磨你的皮肤，因此最好补充低盐饮料，一来能补充适当的水和电解质，二来又不至于使盐浓度过高。

TOP2 水泡

【简介】皮肤因运动摩擦造成的表皮与皮下组织分离形成间隙，异常组织液蓄积其中形成的疱状结构。

【症状】局部疼痛、疱状水肿、伴随有血液组织液渗出。

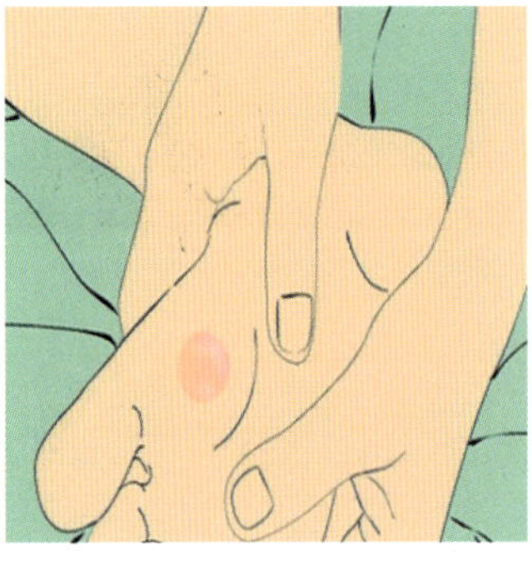

【水泡的处理】

小面积水泡处理方法

小面积的水泡，无需特殊处理，少量的渗出液会被机体自行吸收。分享一个解决小水泡引起的疼痛的小技巧——在小块无菌纱布中间剪一个和水泡相当大小的洞，覆盖于水泡上，用普通的肌贴固定，这样既能帮助吸收，且不会有疼痛感。

大面积水泡处理方法

清洁消毒双手，用酒精棉球擦拭普通缝针（建议使用一次性无菌针灸针）。在适合体位下，用针头刺破水泡，破口不宜太大，一般2—3毫米为宜；手指轻轻挤出渗出液，待渗出液全部流出，用创可贴严实封闭即可，定时更换创可贴，直到水泡自行脱落皮肤愈合。

【水泡的预防】

水泡的产生原因同样是因为摩擦，因此在预防水泡的方法可以借鉴擦伤即可，在运动前使用凡士林等润滑皮肤或用贴布粘贴易磨损部位都可以有效预防水泡。

TOP3 髂胫束综合征

【简介】髂胫束综合征是髂胫束和股骨外上髁过度摩擦导致的韧带或滑囊炎，主要症状是肿胀和疼痛，多发生在长跑过程中或跑步结束后。

【症状】股骨外髁附近疼痛，跳跃、跑步使症状加剧，常伴有髋关节外展肌力不足，髂胫束伸展性不足。

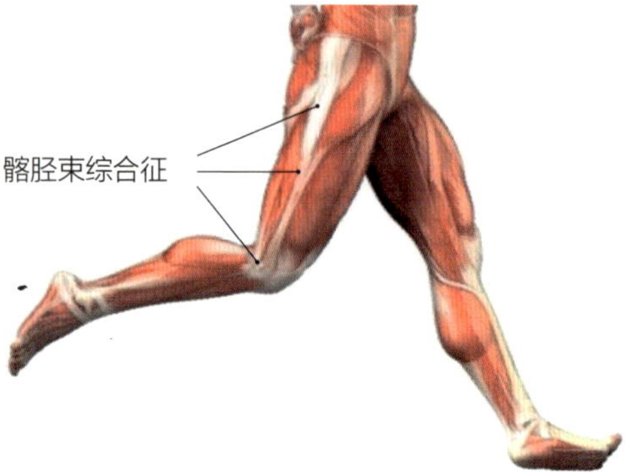

【髂胫束综合征的处理】

减轻疼痛和炎症：主要缓解疼痛和炎症反应，持续时间应视损伤程度和治疗效果而定。

休息：避免任何可引起或加剧疼痛的活动。停止运动数日，直至疼痛情况得到缓解，可以尝试做不引起疼痛为前提的游泳、骑车等交叉运动。

冰敷或冷疗：有助于减轻炎症。严重时可每小时冰敷15分钟（最好是冰水混合或者毛巾包住，一次冰敷时间不要过长，防止冻伤），但1天最少3次。

口服消炎药物：布洛芬等消炎止痛药对早期有效，但采取药物治疗前先询问医生。

【髂胫束综合征的康复】

Step 1：拉伸髂胫束

髂胫束伸展(站立位)。让没有受伤的腿交叉置于受伤腿的前面，身体向下弯并尝试接触脚趾。保持30秒，回到原来姿势并重复2次。

髂胫束伸展(侧靠位)。侧身站于墙边，受伤的腿靠内侧，手扶墙壁以作支撑，让没有受伤的腿交叉置于受伤腿的前面，保持受伤的下肢的足部稳定，使髋部倚靠向墙壁。保持10秒，回到原来姿势并重复2次。

此外，应努力配合腿部内收肌群、腘绳肌、小腿的拉伸（拉伸方法见附录2），拉伸次数和单次拉伸时间应根据使用者具体情况控制在每日2-3次和单次25-40秒之间。

Step 2：肌肉力量训练

股内侧肌等长训练。平躺在床上或地上，患肢向前伸直，用力收紧股四头肌（即大腿前方的肌肉）使膝关节后方向下压，集中保持膝关节内侧肌肉的收紧。保持5秒，回到原来姿势并重复20次。在膝下垫一卷起的毛巾，可以让膝关节更舒服并保护关节囊。

直腿抬高。平躺在床上或地上，患肢向前伸直，健侧膝关节屈曲，足底紧贴地面，让患侧的脚趾尽可能指向自己，用力收紧股四头肌（即大腿前方的肌肉）使膝关节后方向下压，慢慢提高患肢约30厘米。保持5秒，慢慢地回到原来位置并重复20次。

髋内收训练(侧卧位)。以患侧侧卧，健膝屈曲并将足部平放于患肢前面，同时患肢伸直。在没有不适的情况下尽可能地抬高患肢，于最高位保持5秒，然后慢慢地放下患肢回到原来的位置并重复20次。在提起下肢的时候，必须要保持髋部稳定。

靠墙半蹲(带球)。背部、双肩及头部靠在墙上，站立并向前望，保持双肩放松，双脚与肩同宽并与墙壁距离约30厘米。于双膝之间放一卷枕或小球，保持头部紧靠墙壁，慢慢蹲下同时挤压卷枕或小球，蹲至大腿与地面平行（膝关节约90度）。保持10秒，慢慢地站回到原来位置并重复20次。要确保整个活动过程双膝都在挤压卷枕或小球。

侧抬腿。以健侧侧卧，收紧患侧大腿的肌肉，并抬起离健侧足踝约20—35厘米高，保持直伸5秒，慢慢地有控制地放回并重复此动作20次。

Step 3：膝关节稳定训练

固定一条有弹性的橡胶带(如自行车内胎、弹力带等)于床脚等较稳固的地方，也可以将橡胶带打结后放在门的另一端然后关门以作固定，离地面约20—25厘米，另一段系在健肢足踝处。在训练初期可以扶住一椅子帮助平衡，训练后期可以让患肢站立在一枕头上以增加难度。

面向桌子，以患肢作支撑脚站立，稍微屈膝，保持大腿肌肉收紧。在维持这动作的同时让健肢向身后摆动，慢慢地放回原位并重复20次。

转身90度，使患肢靠近桌子或门框。以患肢作支撑脚站立，稍微屈膝，保持大腿肌肉收紧，在维持这动作的同时让健肢向外侧摆动。慢慢地放回原位并重复20次。

再转身90度，使身体背向桌子或门框。以患肢作支撑脚站立，稍微屈膝，保持大腿肌肉收紧，在维持这动作的同时让健肢向前踢出。慢慢地放回原位并重复20次。

再转身90度，使健肢靠近桌子或门框。以患肢作支撑脚站立，稍微屈膝，保持大腿肌肉收紧，在维持这动作的同时让健肢交叉踢向患肢外侧。慢慢地放回原位并重复20次。

TOP4 足底筋膜炎

【简介】足底的肌腱或者筋膜发生无菌性炎症所致。

【症状】最常见的是脚跟的疼痛与不适。通常，疼痛在早晨下床时的第一步最为明显，行走一段时间后症状会缓解。长距离行走，也容易引起不适。

足底筋膜炎压痛点常在足底近足跟处，有时压痛较剧烈，且持续存在。疼痛特点为搏动性、灼热、刺痛性。

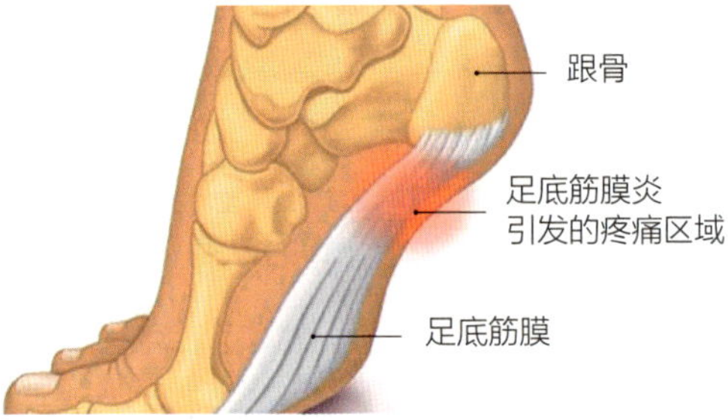

【足底筋膜炎的处理】

冰敷：训练后或疼痛严重时，可以采用足底冰垫冰敷。

自我按摩：在柔软的地面上用脚踩压网球或泡沫滚球，从足跟开始一直到足弓前部，来回往复踩压，逐渐增加压力，可以有效松解足底筋膜的粘连。

【足底筋膜炎的预防】

1. 避免长期在硬地（沥青或水泥地面）上训练。合理增加跑量，每周跑量增加不超过10%。

2. 选择一双适合你足部形态和步态的跑鞋，女性避免长时间穿着高跟鞋。

3. 纠正跑步姿势。

4. 避免长时间久坐，适当步行，经常拉伸小腿及足部肌肉。

5. 睡前温水洗脚，改善血液循环。

【足底筋膜炎的康复】

Toe raise练习：取合适的伸膝体位，将足趾向足心拉伸，持续10—15秒，每日6—8次。

脚抓毛巾：强化趾屈肌，加强足底力度。这样做，把毛巾放在地上，足底平踏于上，用脚趾抓起毛巾上提，停顿数秒后慢慢放下，回到起始位置，做3组，每组10次。

提踵：努力上提脚跟，慢慢下放。做3组，每组10次。可以在台阶上做，以增加难度，或足单腿做此动作。

台阶拉伸：前脚掌站在台阶的边缘，足跟悬空。尽量下沉足跟，然后抬起足跟回到起始位置，反复做此动作。做3组，每组10次。

足弓收缩：站立，足底平踏地面。脚趾使劲下压，使足底弓起。放松，然后反复如此。做3组，每组10次。

脚趾外展/内压：把橡皮筋套在五根脚趾上，放松收拢。接下来将小块海绵塞在脚趾间，用脚趾使劲挤压海绵，放松，反复如此。两个动作各做3组，每组10次。

TOP5 延迟性肌肉酸痛

【简介】通常将运动后24小时后出现的肌肉酸痛在运动医学上称为“延迟性肌肉酸痛症”。

【症状】延迟性肌肉酸痛除了局部肌肉疼痛外，最常见的症状还包括患肢轻微肿胀、关节僵硬、暂时性关节活动范围受限；按压肌肉会有明显疼痛加重感；在罕见且严重的情况下，肌肉损伤有可能继发肾脏功能受损，这是最严重的后果，表现为尿液呈现酱油色，出现这种情况，务必及时就医。

【延迟性肌肉酸痛的处理】

几乎没有证据表明有治疗方法可以加速机体恢复且恢复到正常功能。

如果主要目的是减轻症状，那么冰敷、按摩、针灸痛点、口服止痛药可能有助于缓解疼痛，但疼痛减轻并不代表恢复。

这些方法只能有效地减轻疼痛，但深层肌肉损伤和功能降低仍在持续。

【延迟性肌肉酸痛的预防】

主流观点认为，延迟性肌肉酸痛是无法预防的，只要参加超过平时肌肉承受能力的剧烈运动就会产生，这是一种正常现象。减缓延迟性肌肉酸痛严重程度的最好方法是循序渐进地进行运动，让肌肉有时间来适应新的训练，这样有助于减少症状的严重程度，但完全避免疼痛是不太可能的。

适当的热身准备和跑前动态拉伸都是必要的，可以让肌肉对可能造成的损伤做好准备，但没有证据表明热身和拉伸能有效预防延迟性肌肉酸痛的症状。

TIPS

跑步小贴士

认识“排酸跑”的真相

跑马拉松后的第二天往往会出现肌肉酸痛。常常被顺理成章的理解为“乳酸”，所以相应的有了“排酸跑”的说法。其实这是错误的说法。乳酸是高强度运动的产物，在一小时运动后会马上消耗尽。而马拉松后的酸痛其实是肌肉的发炎反应。并没有任何证据证明排酸跑对长距离或者高强度运动之后的肌肉酸痛有缓解作用，也就是说恢复跑并不能促进身体恢复。恢复跑训练真正的意义在于通过疲劳状态下的持续训练大幅提高体能。

TOP6 踝关节扭伤

【简介】踝关节是人体距离地面最近的负重关节，也是全身负重最多的关节，在身体失去重心时容易发生闭合性组织损伤，踝关节周围的韧带损伤都属于踝关节扭伤的范畴。

【症状】局部会发生关节肿胀、疼痛，关节活动受限并伴有不同程度的疼痛。

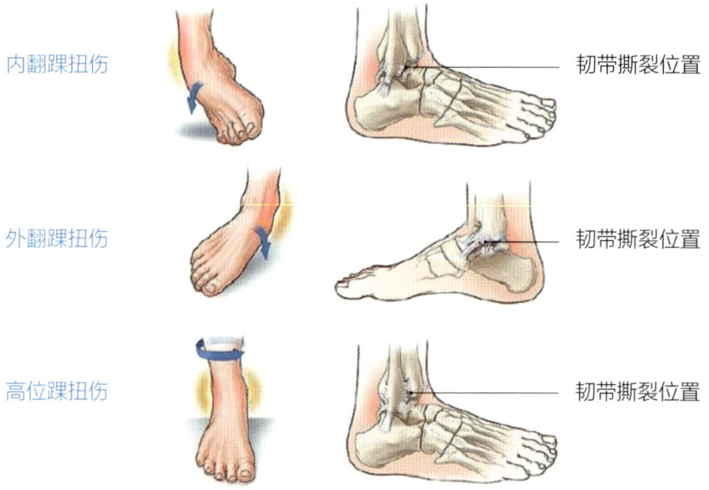

【踝关节扭伤的处理】

急性期（损伤24小时之内）

1. 采用弹性绷带施压一定压力固定于踝关节。

2. 冰敷，急性期期间应冰敷2—3次，单次时间15—20分钟。

3. 抬高患肢并尽量避免受损关节运动。

非急性期

受伤部位肿胀尚不明显，肌肉痉挛较轻者，可先进行简单的检查。检查的目的是确定有无骨折或脱臼的可能和韧带损伤的程度，以决定下一步的治疗方法。

TIPS

跑步小贴士

踝关节扭伤检查方法

内翻及外翻试验：将踝关节内翻，检查外侧韧带损伤程度（足内翻时，踝关节外侧活动范围是否变大或松动），再将踝关节外翻以检查内侧韧带损伤程度。

前抽屉试验：一手握住踝关节上端向后推，同时另一手握住足跟向前拉，检查是否活动范围变大（和未受伤一侧比较）。

试验过程中注意疼痛、压痛点的位置，肿胀的程度，关节是否畸形。如只是轻度扭伤，可继续冰敷并施以压迫性包扎，抬高患肢。如属较严重之扭伤，则应送医治疗。

【踝关节扭伤预防】

关节稳定性由韧带和肌肉共同负责，二者功能有机统一才能充分起到对关节的保护作用。

对于踝关节来说，全面练习其周围前群、后群、外侧肌群，通过提高肌肉力量及平衡有效增强关节稳定性可有效预防踝关节扭伤。

抗阻勾脚：以皮筋为阻力，远端固定，套在脚上，从伸直位尽量用力勾到屈曲位，稍作停顿，慢慢放开，反复做20次，休息30秒，共做4—6组，每天1—2次。

抗阻绷脚：以皮筋为阻力，近端固定（手握），套在脚上，从屈曲位尽量用力绷到伸直位，稍作停顿，慢慢放开，反复做20次，休息30秒，共做4—6组，每天1—2次。

抗阻足外翻：坐在床上，膝关节屈曲，双腿、膝关节、足跟并拢，脚面稍绷直，用皮筋套住两脚，患脚用力外翻，动作标准、数量同上。

抗阻足内翻：其他姿势同抗阻足外翻，皮筋在远端固定，用力内翻，数量和要求也没有不同。

提踵：患侧脚掌踩在台阶上，足跟及足弓在台阶以外，从充分勾脚体位用力提踵直到充分绷脚体位，动作标准、数量同方法第一个和第二个，要求尽量在最大行程内完成动作，如果力量有限，可在上肢协助下完成。

踝关节的力量练习对于损伤后的康复同样重要，但在康复过程中执行细节需要遵从医生或运动防护师的建议。

TOP7 跟腱炎

【简介】一般指跟腱急慢性劳损后形成的无菌性炎症。在运动过程中，小腿腓肠肌和跟腱承受了反复过度牵张力导致的。另外，突然增加锻炼的强度或频率也常会引起跟腱炎。

【症状】疼痛是伴随跟腱炎发生的最为明显的症状，通常表现为跟腱内侧靠近骨面的钝痛或者局部的刺痛。跟腱炎还可能表现为踝关节的关节活动受限，疼痛部位表面皮肤颜色发红，局部温度升高。

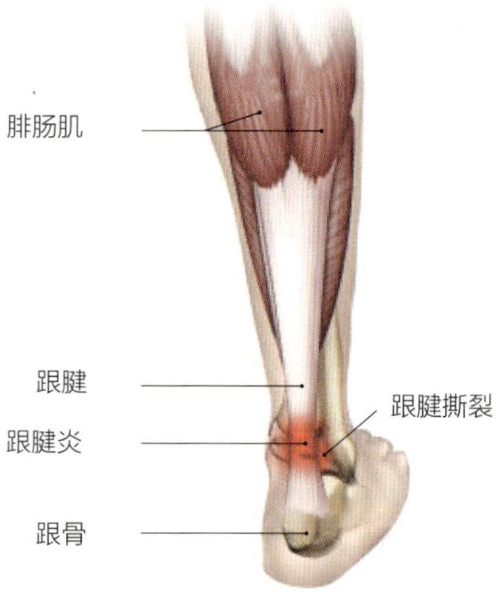

【跟腱炎的处理】

1. 冰敷。

2. 遵医嘱口服消炎类药物。

3. 拉伸并放松小腿肌肉。

【跟腱炎的预防】

小腿后部肌群及足底小肌群的拉伸对于跟腱炎的预防及康复都有着重要的作用。

若是跟腱炎刚开始发生并产生疼痛，请及时停止跑步。若疼痛难忍，可以在专业人士的指导下尝试阿司匹林或者布洛芬这类药物先缓解疼痛，并坚持每日冰敷疼痛处15—20分钟直到炎症消退或有效缓解。当然，自我按摩同样能起到缓解作用。

一旦肌肉结节消退，小腿后部肌群的拉伸就应该及时开始，但是在能够无疼痛地完成足背屈（勾脚尖）之前，不要急于开始跑步。这个时候，可以通过慢速的跳绳练习、开合跳两个动作来增加肌肉恢复工作的适应能力。这个适应过程应当持续一周。一周后，便可以开始进行6—8周的低强度适应性跑步。

TIPS
跑步小贴士

征服“阿基里斯之踵”

跟腱，多少英雄过不去的劫？世界“飞人”科比倒在了这里，中国“飞人”刘翔也倒在了这里。

人的脚跟骨和小腿后方肌群间有一条带状肌腱纤维，叫做跟腱，是人体最大的一条肌腱，它还一个很洋气的名字叫“阿基里斯腱”。

阿基里斯，古希腊神话中一位伟大的战争英雄，传说他有着刀枪不入的身体，在特洛伊之战中所向披靡。但就在攻占特洛伊城时，太阳神阿波罗指点特洛伊王子帕里斯一箭射中了阿基里斯的脚后跟，这是他全身唯一的弱点。因为在阿基里斯还是婴儿的时候，他的母亲海洋女神特提斯捏着他的右脚后跟，把他浸在冥河斯提克斯河中，被河水浸过的身体变得刀枪不入，但是那个被母亲捏着的脚后跟由于没有浸到河水，成了阿基里斯唯一的弱点。“阿基里斯之踵”的典故也是由此而来。

曾为姚明、王濛、张宁、朱芳雨等多名著名运动员提供过康复治疗和帮助的运动体能康复专家陈方灿，总结了跟腱炎的伤后修复方法：

1.跑量调整

陈方灿博士说，对于跑者而言，跟腱损伤是跑量和能力之间的不平衡导致的。见效最快的方法就是调整跑量，跑多了疼就少跑点，别等伤了才知道。

2.离心力量训练法

持续进行小腿三头肌的离心力量练习。找台阶进行离心提踵运动，不用上专业医院，随时随地都可以。但这种离心负荷训练是有疼痛的，跑者操作需谨慎进行。

3.冰敷+理疗

冰敷的作用主要是止痛，理疗方面可以选用低水平的激光治疗，如果是跟腱附着点的病变可以采用冲击波疗法。

TOP8 疲劳性胫骨骨膜炎

【简介】反复跑跳，身体重力以及支撑反作用力反复作用于下肢，其小腿肌肉附着骨膜处长期受到牵拉、摩擦，致使胫腓骨骨膜出现炎症的一种损伤。

【症状】无明显外伤史，逐渐发病，早期症状不明显，只是运动后小腿中下段疼痛，运动后渐加重，跛行。严重者小腿内侧或踝关节上方有局限性肿胀，皮肤灼热难。此炎症发生时候，有明显的压痛点，通常是多出压痛点同时出现，严重时候，有轻度凹陷性水肿。

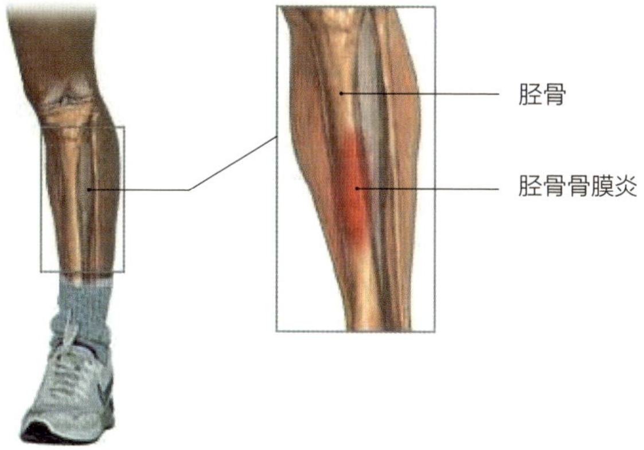

【疲劳性胫骨骨膜炎的处理】

1. 早期症状较轻的病人，无需特殊治疗，用弹力绷带加压包扎小腿，减少下肢运动，休息时抬高患肢，大多数患者都可痊愈。

2. 经常疼痛或运动后疼痛较重的病人，用弹力绷带加压小腿，抬高患肢，可配合中药外敷、按摩、针灸、碘离子透入等。

3. 治愈后重新参加训练时，运动负荷要逐渐增加，以免再发。

【疲劳性胫骨骨膜炎的预防】

1. 要合理安排运动负荷，注意改进训练方法，避免局部负荷过度。

2. 正确掌握跑跳技术，注意动作的放松和落地的缓冲；要避免在过硬的场地上进行跑跳练习。

3. 做好充分的准备活动。

4. 防止运动后受凉，并注意疲劳的及时消除。

TOP9 小腿疼痛（胫纤维发炎）

【简介】胫纤维发炎是指人体小腿部位肌肉、肌腱甚至是胫骨疼痛肿胀等症状。这种炎症在初级跑者和突然大幅增加跑量的人群当中很常见。

【症状】小腿胫腓骨疼痛，大运动量后疼痛加剧，手触、走路支撑时均有疼痛感，个别患者夜间痛，多为隐痛、牵扯痛，严重的有刺痛和烧灼痛；

压疼，在骨面上能摸到压痛点，有的较局限，有的较分散；

肿胀，局部软组织有轻度凹陷性水肿。

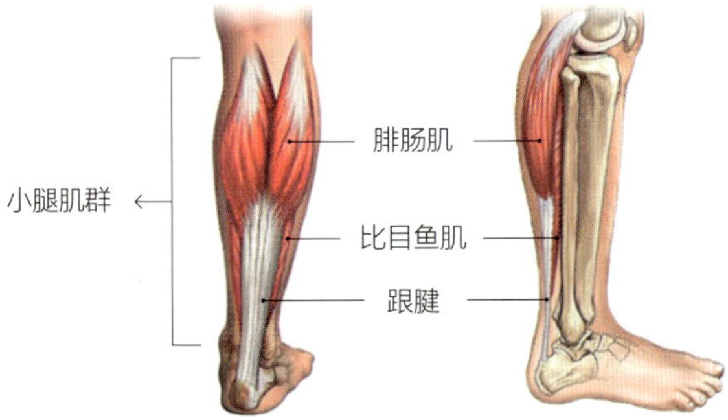

【胫纤维发炎的处理】

1. 最佳简易疗法：拉伸腿部肌肉。

2. 最佳替代疗法：通过放松筋膜的按摩疗法可以提高筋膜的活动性，促进受损部位血液循环，修复筋膜。

3. 自我按摩方法：保持坐姿，将大拇指放在胫骨和小腿肌肉之间的凹槽内进行轻压按摩。在凹槽处来回推拿按摩，再向小腿外侧移动两三厘米的距离，用同样方法按摩。次数越多越好，开始时动作要轻柔，之后随着症状减缓，可以加大力度。

4. 最佳主流疗法（综合治疗方法）：小腿疼痛会导致胫骨四周的肌肉、肌腱和神经纤维收缩紧绷，为了恢复正常，可以尝试以下拉伸运动，每周重复进行几次，每次30秒。

· 仰卧，右腿抬高，用毛巾或系带缠绕住前脚掌，然后用左手向左侧牵拉（就像拉住马的缰绳一样），这样可以有效对右小腿的腓肠肌和脚踝处进行拉伸。

· 再换成右手，用相同的方法对左腿进行牵拉。

· 坐在椅子边缘上，脚掌着地，双腿尽量放直（脚趾不能翘起离地），将双脚脚趾相对，上身前倾去“接触”双腿，保持胸部与背部伸直。这样做可以拉伸胫骨外侧肌肉。

【胫纤维发炎的预防】

第一，减重力环境下练习膝关节行走及跑步姿势，能有效增加本体感觉功能，并且增加神经对肌肉的细节控制。

第二，适当减小步幅，增加步频，能有效增加速度，防止跑步过程中膝关节过伸。

第三，在静力性力量练习和单个专门动作练习的基础上，增加组合性下肢动力链练习，如重复完整的下蹲起跳动作。

TOP10 髌股关节综合征

【简介】髌股关节综合症是指髌骨关节软骨的表层下出现变异，导致轻微不适、发炎，甚至在关节内窥镜检查时发现部分变形。

【症状】患者一般会觉得髌骨后面隐隐作痛，特别是长期坐着、下山或下楼梯、膝盖关节大幅度屈曲及进行重复的屈曲或伸展运动时，痛楚便会加剧，患处有时更会发出磨擦声，出现假交锁或脚软的现象。

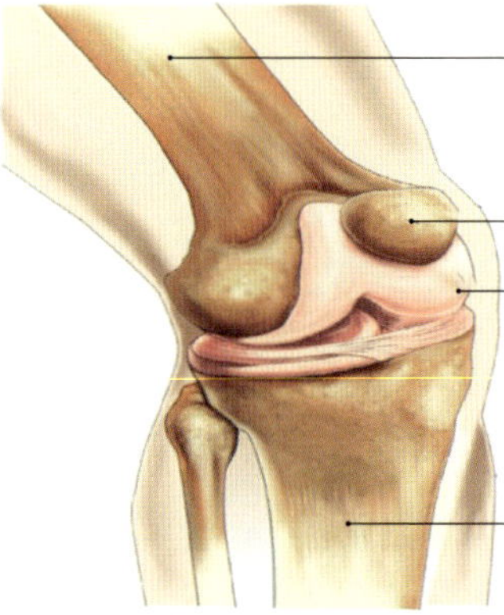

【髌股关节综合症的处理】

疼痛初期：每次运动后冰敷15分钟。发生严重疼痛时，在运动防护师的建议下服用药物。

日常处理方式：使用泡沫轴松解股四头肌和髂胫束；加强大腿内侧肌群力量、下肢伸膝动力链力量。通过肌内效贴来消除肿胀和支持髌骨；训练时可以采用护具支持，日常症状不严重时，减少护具使用。

其他主要损伤

（1）鹅足腱损伤

鹅足腱是缝匠肌、股薄肌、半腱肌三块肌肉之腱性部分在胫骨近段内侧的附着点，外形类似鹅足，故称鹅足腱。在其下与胫骨之间有一滑囊称鹅足腱囊。由于反复应力的作用，如活动过多等，可造成此处产生无菌性炎症，称之为鹅足炎或鹅足腱囊炎。

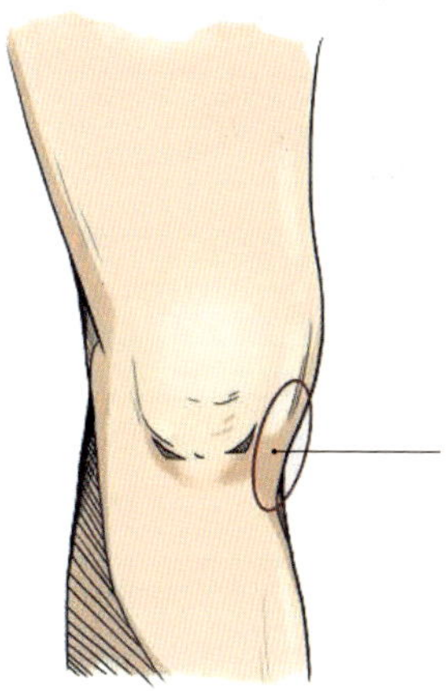

/ 处理 /

1. 可以使用物理治疗中的超声波来增加局部循环、降低发炎、促进组织修补。

2. 平常要注意对鹅足肌腱周边肌肉进行拉伸训练，增加肌肉弹性。

3. 另外，还可以对患腿进行平衡训练，可以有效地控制膝关节和踝关节的稳定性。

（2）应力性骨折

一般骨折多发生在比较激烈的对抗性运动中。跑步中的骨折与一般的骨折不同，通常是由于地面日积月累的累积效应所导致的疲劳性骨折，这种骨折也叫应力性骨折。

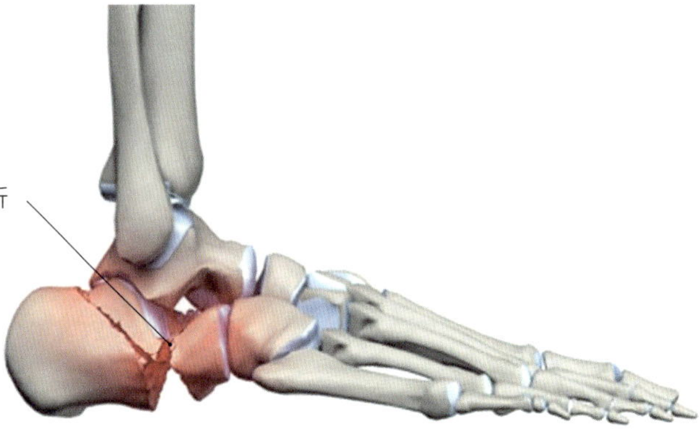

/ 处理 /

休息是唯一一个能完全治疗好应力性骨折的方法。恢复所需的时间差异极大，影响因素包括受伤部位、严重程度、不同个体身体自我修复功能的强弱以及个人的营养摄入等。

通常会采用4—8周的彻底休息，并用石膏或者保护靴予以保护。休息12—16周也并非罕见。在这一阶段结束后，可以逐渐恢复活动，以不造成疼痛为度。一条基本的原则是，每周训练量的增加幅度不能超过10%。

（3）下腰痛

跑步中腰部出现问题跟跑姿保持有关。其中，肋骨外翻，也就是俗称的“挺腰”姿态容易造成下腰痛。在跑步中，肋骨外翻会导致腹肌力量减少，腰部肌肉过度使用代偿稳定脊柱的功能，此时，腰部肌肉就会出现酸胀不适感；甚至会造成腹隔膜紧张，导致腹部不适，或者胃部抽筋等。

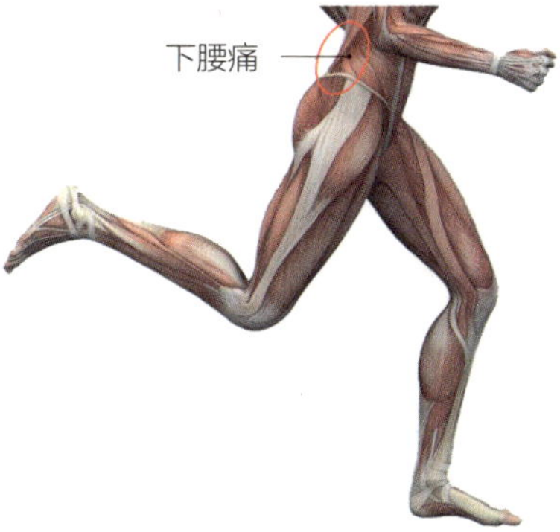

/ 处理 /

良好跑步姿势可有效地预防下腰痛：

1. 保持头与肩的稳定。头要正对前方，除非道路不平，不要前探，两眼注视前方。肩部适当放松，避免含胸。

2. 从颈倒腹保持直立，而非前倾(除非加速或上坡)或后仰，这样有利于呼吸、保持平衡和步幅。

3. 腰部保持自然直立，不宜过于挺直，肌肉稍微紧张，维持躯干姿势，同时注意缓冲脚着地的冲击。

（4）髋关节痛

临床症状主要表现为髋部疼痛，在变换髋部姿势时有弹响声，或者关节突然卡住的感觉。患侧髋部力量下降，急速奔跑或单腿支撑困难。严重的患者甚至不能侧卧。

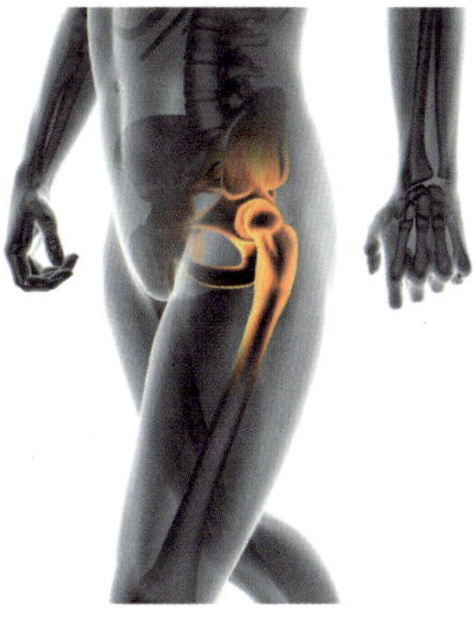

/ 处理 /

所谓的“股髋撞击症”，正是由于髋关节发育异常，髋臼缘破损或股骨头长出多余骨质，造成两者不匹配而发生的过度磨损，从而损伤了髋关节内部结构，引起疼痛和不适。如果髋关节软骨盂唇损伤或破碎，则关节会引起“交锁”和“弹响”，长期的股髋撞击会导致髋关节“退化”和“骨关节炎”，后期需要进行“髋关节置换”。

TIPS

跑步小贴士

不要怕麻烦，让医生来帮你诊断、疗伤

1. 描述症状。疼痛开始时你在做什么？疼痛最初持续了多久？问题往往是由过劳引起的，而有些问题则是由某次创伤引起的。
2. 告诉医生做什么事情会减轻或加剧疼痛。如果得了跑步膝，那么爬楼梯可能会引起疼痛；如果得了足底筋膜炎，那么早晨下床踩地就会感到疼痛。
3. 明确伤病的发展。从你刚开始感觉疼痛，到现在为止发生过什么样的变化？
4. 症状发生以来你做过些什么。你是如何应对疼痛的？你是否采取了减少跑量、拉伸、按摩、冰敷等措施，还是带着疼痛持续跑步？
5. 讲述你的伤病史。描述一下你以前受过的伤或得过的不相关的疾病，以及你的处理方式。
6. 带上你的鞋。专业理疗师往往可以从鞋底的磨损情况分析出根本的原因。
7. 带上你的跑步日志。跑步日志中可能记录着你的跑步行程、跑鞋购买日期、跑步路面类型、参加过的比赛、获得过的成绩等，对于诊断伤情会很有帮助。

运动中的损伤非常正常，也是强化支撑器官力量的必经之路。损伤一出现就要引起重视，如果开始阶段恢复不彻底很容易落下病根，以后会反反复复发作，那就麻烦了。不论是什么地方疼痛，首先要停止训练3—5天（肌肉的酸痛除外，这不是损伤范畴），然后要注意伤痛初期首先要做的是“冰敷”，而不是按摩和拉伸。对待损伤要理性、客观，也不必草木皆兵，耐心是必需的。

跑马是乐趣，距离是挑战，但不是去受虐，跑马原来根本不需要坚持，跑马原来可以很愉快，秘密就在你能正确处理伤痛。损伤重在预防，有问题也请尽早联系专业医生就诊。

PART 3

马拉松赛后的身体恢复

不可否认的是，马拉松的确是一项能够给人带来巅峰体验的运动。但同时，对于绝大多数跑者来说，完成马拉松比赛并不轻松。在我们收到的746份有效调查问卷中，针对“马拉松完赛之后的身体状态”这一问题，67%的选手选择了疲惫、饥饿、僵硬、无力、发冷等消极负面状态，但与此形成鲜明对照的是，超过90%的选手在评估“马拉松完赛之后的心理状态”这一问题时，选择了兴奋、感动、欣慰等积极正面的状态。也许，这正是马拉松的魅力所在。

我们在前文说过，马拉松运动很容易带来身体损伤。如果希望自己能够长期享受这项运动带来的愉悦，并不断地取得成绩和突破，跑后的身体恢复计划必不可少，多数马拉松选手都能够意识到这一点。

我们的调查问卷统计结果显示，超过60%的调查对象在比赛完成当天会安排跑后恢复项目，且这一比例在各跑龄段差异都不大。在常用的运动恢复项目中，拉伸是马拉松选手使用最多的项目，而其他的恢复项目，如按摩、冰敷等方式使用率较低，仅有31%的选手在赛后当天会对身体进行按摩恢复，使用冰敷的比例则低至21%。而实际上，按摩和冰敷都是专业运动防护师较为推荐使用的恢复项目，具体的好处和方法后文会讲到。

图4-4 马拉松完赛当天的恢复项目

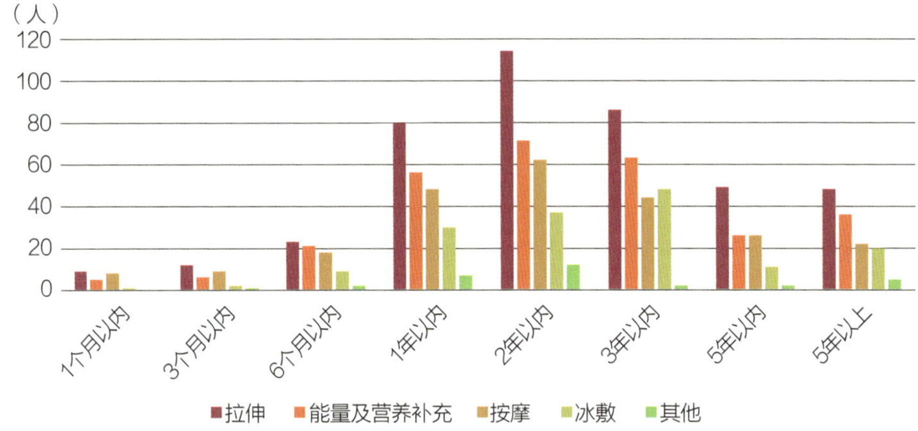

对于业余跑马爱好者来说，专业运动员的全套恢复方案并不现实，但是只要你能做到重视训练恢复的这个过程，你的运动成绩肯定会有所改善，这也是实现短期和长期训练目标的关键因素。下文将以调查结果为基础，按需求为跑步爱好者们介绍一些科学的马拉松赛后恢复训练方法和项目。

研究表明，一次长跑之后，跑步效率（例如如何有效地使用氧气）会严重受损。虽然艰苦的训练可能似乎结束了，但身体仍然努力在继续运动，这往往会导致肌肉损伤。

那么有没有什么关于休养与恢复的正确公式么？虽然“每跑1英里比赛就要休息1天”的神话没有科学依据，但一些专家建议，在马拉松后至少要休息3—7天以便让肌肉恢复，然后再逐渐恢复跑步。有何原因？肌肉恢复与个人条件紧密相关，因为不同的人对肌肉压力的反应各有不同。

多数情况下，个人感受到的肌肉重建中酸痛的周期大约是赛后24—48小时，72小时后达到峰值之后逐渐消失。关键在于：让肌肉完全恢复，妥善照看任何新的或恼人的伤病（遵医嘱），一旦身体康复并准备好了，再以良好的跑姿开始训练。

1. 赛后恢复计划

跑完马拉松后，你可能很想休息一段时间——当然，那是你的权利。不过对于那些迫不及待想跑第二次马拉松的人来说，这里有6个更科学和积极的方法来加速恢复。

（1）系统化训练

准备得越好，恢复就越顺畅。如果比赛的距离和配速都是训练中完成过的话，肌肉则很可能已经适应了这种压力水平——从而减少撕裂和疼痛。

（2）按摩放松

这有些廉价的DIY放松方式：尝试用泡沫轴来帮助缓解肌肉紧张并增加灵活性，把一个高尔夫球或网球放在不容易按到的位置也可以帮助按摩。

（3）正确饮食

要使肌肉尽快恢复，就要补充富含蛋白质的食物。研究表明，巧克力牛奶作为一种恢复饮料，由于其所含碳水化合物和蛋白质是最佳比例，因而可能有出人意料的良好效果。当然，别忘了传统的水的好处，要充分补水。

（4）用冰浴帮忙

专业人士都这样——你又为何不能呢？听起来很残酷，但把腿放在寒冷的冰桶中已被证明能显著减少肌肉酸痛，并保持肌肉的强度和柔韧性。

（5）穿压缩装备

最近，许多长跑跑者都会在赛前、赛后甚至赛中穿戴上压缩装备。不，这不是20世纪

80年代的复古——那些彩色的长筒袜其实是压缩装备的一种，它可以减轻疼痛和炎症。

（6）选择低冲击运动

当你恢复运动时，可以选择从低冲击运动开始。可以选择游泳作为最佳跑后恢复运动，因为“不影响身体，并且水对肌肉也很柔和”。另一种陆上恢复方法是：轻松地自行车骑行。专家表示：“这将是腿再次运动，并吸引新鲜血液通过这块区域，这会加速恢复。”

2. 系统性的恢复方法与手段

常见的恢复手段分为主动恢复和被动恢复两种。

在主动恢复中，含有积极性恢复、放松练习、减压放松等，业余运动员疲劳后通常精力不佳，常常忽视这些，但是专业运动员在教练的监督下，会习惯性被动地完成这些主动放松方法。

被动疲劳消除的方法有按摩疗法、拉伸、泡沫轴以及电刺激疗法。被动的疲劳消除方法应用最多，也是目前效果最好的，而在这几项被动疲劳消除方法中，按摩和电刺激疗法是最有效的，前者对于普通跑友来说很容易获取，后者则需要在专业的物理治疗师的帮助下才能完成。

（1）积极性恢复

积极性恢复是一种小强度的运动练习，通常使用在以下情况：训练过程中、训练完成后或作为训练课的一个独立部分。

整理活动

可以促进运动员恢复，降低免疫系统的应激反应。温和的静态拉伸练习，即每次拉伸持续30秒，或做5次缓慢呼吸，可以利用肌肉活动变热实际增大运动幅度。

训练前不建议安排静态拉伸练习，安排动态或运动拉伸效果会更好。

放松训练

放松训练的计划内容要包括小强度的练习，专项运动或不同的刺激运动方式。

积极的放松练习时间不能超过半个小时。恢复性练习安排在当天大强度或大训练量的12小时之后和下一个训练任务12小时前之间。

积极性恢复的方式

积极性恢复采用的运动方式要考虑强度的变化、训练时肌肉做功的类型和心理休息。可使用交叉训练法，游泳、骑自行车、空中漫步机、反重力跑步机、散步等都是交叉训练的好项目。

（2）减压疗法

掌握应对身体和心理压力的方法，对运动者来说可以很好地整合训练，获得更好的训练效果，对运动者的人身安全、机体系统均衡发展和训练氛围的调节亦有重要作用。

我们身体和心理受到的压力并非都是消极的压力，放松练习和心理暗示会将消极压力转换成积极的暗示。压力过大的时候不能盲目发泄，而是要找到压力的来源，针对性地解决问题，比如来自训练成绩的压力可以通过调整训练方法进行解决，来自生活工作的压力可通过调整时间安排来解决。业余的马拉松运动员并不像专业运动员，重心并不是放在训练成绩上，你原有的工作才是最重要的，平衡好工作和训练，压力自然减半。

（3）睡眠

睡眠对于运动恢复的重要性越来越被大众了解，要解释睡眠的重要性，得先了解睡眠中发生的事情。

简单来说，睡眠大致上可以分为4个时期，包括3个非快速动眼期和1个快速动眼期：在第1个非快速动眼期算是浅眠期，此时肌肉开始放松。第2个非快速动眼期脑波变慢。第3个非快速动眼期脑波变超级慢，属于深度睡眠期，此时身体会分泌许多荷尔蒙，其中包括生长因子，这对于运动训练的适应效果非常重要，训练后想要变更强、变更壮、变更快就是靠这个阶段的睡眠。接下来到了第4个时期是快速动眼期，这是大脑内化和巩固记忆的重要阶段，类似将新学习到的动作或技术储存到大脑主机，因此，这个时期对于以技术为主的运动训练非常重要。

简单来说，睡眠中会模拟白天学习到的新动作，如果晚上睡不够，白天就算练再多次，也没办法存到脑海里。

从第1个到第4个时期，完整经历过一遍大约需要1.5个到2个小时，之后的睡眠就再重复这些阶段。一般来说，运动者的睡眠至少要大于8个小时才足够，如果训练量很多的话，一定要补充更多的睡眠。

（4）营养补充和补水

身体疲劳的一个重要原因是机体糖原的消耗和体液的流失。能源物质的及时补充和足量储备是消除疲劳和预防重度疲劳发生的关键因素，及时补充流失的体液和电解质能改善机体内环境、平衡体液，防止出现抽筋、晕厥等严重后果。

在饮食的补充上，我们重点关注糖的补充，训练或者比赛结束后的2个小时内，是我们所说的糖原窗口期。在这2个小时内，应尽快补充足够的易消化的含糖量高的食物如蛋糕、香蕉等，这比其他恢复手段更加有效。

在水和电解质的补充上，我们建议饮用电解质丰富的运动饮料，尤其是镁元素含量较高饮料。镁元素是机体内超过300种酶的重要组成元素，保证酶的有效生成和活性让机体主动消除代谢废物，减少肌肉酸痛等症状。

保持训练的跑步爱好者通常需要摄入更多能量，并且在食物结构和安排上更加合理化。

表4-1 跑者食物结构及饮食安排

<table>
<tr><td rowspan="2">日常饮食</td><td colspan="2">均衡膳食营养（碳水化合物、蛋白质和脂肪）</td></tr>
<tr><td colspan="2">碳水化合物可以补充体内的糖原储备，蛋白质释放酸性物质修复肌肉纤维，脂肪可以隔热并运送维生素到细胞</td></tr>
<tr><td rowspan="6">恢复加餐</td><td colspan="2">尽早开始营养恢复</td></tr>
<tr><td>恢复加餐的时间</td><td>训练结束后的时间被称为“糖原之窗”，在这个阶段安排加餐，会在体内发挥最大功效</td></tr>
<tr><td>加餐的内容</td><td>含有液体、钠、碳水化合物、一些蛋白质和少量的脂肪</td></tr>
<tr><td rowspan="3">加餐食谱</td><td>巧克力牛奶，巧克力豆奶，果酱面包圈，奶酪、黄油煎花生、一块火鸡肉，水果和酸奶，新鲜的果汁和一把坚果</td></tr>
<tr><td>酒精：适度的饮酒可以很好地平衡膳食。我们不建议在训练前后饮酒，但是如果有饮酒习惯的话，在恢复期内，极少量摄入葡萄酒，能够提高身体抗氧化能力，其他酒类不建议</td></tr>
<tr><td>补水：把口渴作为身体需要补水的重要提示信号
判断体液状态的方法：观察尿液的颜色，颜色越深，尿量越少，机体缺液越多</td></tr>
</table>

（5）冷热疗法

冰敷可以抑制训练时产生的炎症反应，对抗身体受到的急性创伤，抑制炎症扩散，防止和减轻水肿；热环境可以促进血液循环和肌肉放松。

冰浴

冷水浴能减少体内炎症并加快身体恢复。推荐在大负荷或长时间训练之后1小时内，先用凉水冲洗片刻，上身裹一条毛巾或披一件运动衫保暖。感觉身体麻木后坚持10—15分钟足够，总时间不要超过20分钟。

表4-2 冰水浴时间和温度指南

水温（℃）	持续时间（分钟）
18以上	30以上
15—18	20—25
12—15	15—20
10—12	12—15
7—10	8—10
7以下	避免

冰敷

冰敷是一种常见的治疗手段，以减少损伤急性期的炎症反应，用冰块冰敷10—15分钟，间歇20分钟后可重复进行，最多3次。

热疗

在加热的环境中，身体会出汗，同时皮肤的血液循环加快，流经皮肤的血流量增加。由于热疗的时候身体经常处于半脱水状态，因此一定要注意时间和温度的控制。常见的热疗方法有桑拿、蒸汽房、漩涡浴、热水浴、热敷等。

冷热交替浴

这是一种现在比较流行的恢复方法，运动员在凉水里面待上几分钟，然后到热水里面洗浴，反复几次，最后以冷水结束。这样的方法可以安排在训练结束后，与重要的训练隔开，在过程中注意身体不要脱水。

TIPS

跑步小贴士

冷疗与热疗的使用方法

冷疗可以抑制训练产生的炎症，热疗可以放松肌肉促进机体循环，但也会引起炎症的扩散。长时间或大运动量的训练后，做10—15分钟的冰浴，温度控制在10℃—15.55℃，在冰浴时吃点热的小吃会感觉很舒服并有利于身体恢复。

将酒精和水以1:3的比例混合装入密封袋冷冻成冰沙，就做成了一个适合在关节部位冰敷使用的酒精冰袋。注意，做热敷和冷敷时，要在皮肤上垫一块毛巾隔离，防止烫伤或冻伤。

（6）消除疲劳的运动装备

身体恢复的关键是减少外部刺激，合理进行营养补充和提高睡眠质量，有时候购买一些新的恢复装备来进行辅助也是非常有效的。

压力袜：压力袜是一种由压力面料制成的长度过膝的紧身袜。它的设计原理是通过提高小腿肌肉自然泵血的能力，增加小腿的静脉回流量，从而达到加速消除疲劳的目的。

药膏：薄荷膏、舒缓镇痛啫喱、止痛皮肤霜和常见的云南白药都是运动员常用的恢复药膏和擦剂。一般这些都可以减少疼痛，相对于身体自然恢复疗效显著。不过如果你的成绩足够优秀，应该谨慎选择药膏，其中可能存在的兴奋剂成分会让你尴尬。

镁盐：当你做冰浴的时候，水的压力可以有效减少水肿，加点盐的话可以增加水的浮力。在水中加入镁盐或者专门的浴盐可以减少皮表炎症，更好地发挥放松作用。硫化镁是一种常见的镁盐，具有抗炎作用，简单浸泡后，身体就能吸收浴盐中的物质，在体内通过新陈代谢发挥功效。

TIPS

跑步小贴士

消除疲劳装备的小常识

渐进式压力袜，这种袜子的脚踝部位最紧，沿着小腿往上逐渐变松。压力袜在洗过50次或穿了12个月后就要更换。

如果你需要擦止痛膏止痛时，注意检查自己的动作姿势是否正确，工作和休息的比例是否合理。

镁盐对身体恢复的作用尚未明确，但它可以让运动员在洗热水浴时更放松。

（7）技术辅助疗法

超声波和电刺激主要用于运动损伤康复，这些仪器只能在治疗师帮助下能使用，但现在也通常用来作为日常恢复手段。

超声波疗法：超声波治疗法对于运动损伤的治疗机制尚不明确，但是使用超声波会使肌肉感到很舒服，这种舒服的感受能够促进身体恢复。

电刺激疗法：电刺激来强制肌肉收缩，实际上是一种被动的积极性恢复，目的是增加内啡肽的分泌和放松肌肉增加血流量，消除体内毒素。

NormaTec MVP体外反搏器：这是一种动力压缩恢复设备，最早用来帮助心血管病人康复，后来应用于疲劳恢复。他通过蠕动式增加肢体压力来消除水肿，加速静脉回流，达到疲劳消除的目的。

TIPS
跑步小贴士

辅助疗法的利弊

科学证明使用超声波和电刺激疗法促进身体疲劳恢复存在很多不足，科学训练、合理营养和充足休息胜过所有昂贵的技术辅助疗法。如果身体的某个部位需要做超声波疗法以促进恢复，一定要保证这个部位没有出现过度损伤。

体外反搏器产生的蠕动性压力对身体恢复的效果良好，但是价位太高。

（8）按摩

按摩作为目前最方便且最有效的疲劳消除的方法，被大家广泛认可。然而，有一点大家需要明白，运动按摩区别于其他形形色色的按摩方法，最大的不同在于运动按摩是有针对性地对肌肉、筋膜以及特定软组织进行松解和梳理，目前最有效果的按摩方法有肌筋膜疼痛触发点按摩手法、扳机点按摩、肌肉松解手法以及中医传统手法等。

按摩作为一种医疗恢复手段，需要在接受过专门训练的运动防护师的指导下操作，盲目的按摩亦或是粗暴的按摩方式，不仅不能取得应有的效果，反而会增加肌肉负担，甚至压迫神经，产生晕厥、恶心、呕逆等不良反应。

针对跑步运动员的按摩部位主要集中在下肢部，其中肌肉部分包括股四头肌、腘绳肌、胫骨前肌、小腿三头肌、臀中肌、骶脊肌、阔筋膜张肌以及其他部位的腰方肌、肩胛提肌、斜方肌等；筋膜以及软组织部分包括髂胫束、跟腱、足底筋膜、膝关节周围韧带等。

不同的按摩方式应用于不同的训练比赛阶段，按摩时长也不相一致。通常我们这样来安排按摩恢复：

比赛阶段的按摩安排	每周1次或每月1次
比赛前后	第一阶段：赛前3周，全身理疗性按摩
	第二阶段：赛前3天，浅层快速手法按摩
	第三阶段：赛后立刻进行短时间按摩和辅助伸展运动
	第四阶段：赛后几天浅层放松按摩
训练或比赛日	按摩应当在训练或比赛之后

TIPS

跑步小贴士

按摩需要沟通感受

按摩过程中交流是关键，被按摩者要表述自己的需求、喜好、感觉。安排的大强度按摩与重要比赛之间的时间间隔要长一些。按摩除了能够实现身体生理上的恢复之外，还是一个难得的心理放松的机会。

（9）泡沫轴、网球放松

泡沫轴是一个目前比较流行的放松工具，也是治疗工具，具有很好地放松肌肉的作用，由于全程产生的压力来自于身体自重，所以相对安全。

然而目前泡沫轴造型多样，有普通的滚轴形、空心的桶形、狼牙棒状的以及带有震动功能的泡沫轴，这几种在原理上都一样，只是不同形状对于肌肉的刺激作用强弱有差异。如果你只是一个普通跑者，较低刺激的空心桶形是较为合理的选择，刺激相对较弱；如果你的训练量足够大，疲劳感非常强烈，建议使用实心的滚轴泡沫轴，或者狼牙棒状泡沫轴，刺激强度稍大，作用深度更加渗透。带有震动功能的泡沫轴价格昂贵，跑步发烧友和装备党可以选择。

网球放松最开始来自于一种疼痛治疗手段，而后被应用到疲劳消除上，其原理和泡沫轴相同，只是网球体积更小，能够作用于泡沫轴不能使用的部位，例如足底、肩胛骨周围肌肉等。可以这么说，网球是一种更加局部的泡沫轴替代者。

图示：常见部位放松

股四头肌放松

腘绳肌放松

髂胫束放松

小腿后部肌群放松

背部放松

臀部外侧肌肉放松

足底放松

TIPS

跑步小贴士

不同训练周期的不同恢复方案

每天	记录你的训练情况和恢复情况
	特别要注意花时间关注训练以外的因素
	午睡以及在夜间获得充足睡眠
	健康、多样化的饮食
	抽时间进行冥想和/或恢复性瑜伽练习，尤其是把腿搭在墙上的练习
每周	查看你的日志，重新评估压力水平和制定目标，必要时进行调整
	剧烈运动后，穿上恢复压力袜，如果有可能可使用体外反搏设备
	每周自我按摩3—4次
	根据需求和预算，每周或每两周安排一次按摩师按摩
	每周在家中或在瑜伽场馆进行2—3次的长时间恢复性瑜伽课
每月	约见运动教练讨论目标与技巧
	约见运动理疗专家讨论营养和恢复
每季度	检查您的跑鞋是否完好无损，及时更换损坏跑鞋
每半年	评估检查你的运动装备，尤其是在你更改了训练内容的时候
每年	请教练对你的运动技术进行分析
	进行一次全面的身体检查，最好是让你熟悉的运动保健医生来做

跑者说

跑步中是否有过受伤的现象，是如何处理的？

小麦：小麦百公里创始人、百公里越野跑的中毒者，跑龄5年，跑量累计约13000公里。全马PB成绩 3小时8分。

提及伤痛，2015年是我“伤病缠身”的一年……报名赛事过于紧凑，强度、距离都很大，三五个月下来，我的右脚足跟已经肿的连跑鞋也穿不进。就算这样，我也没有停下比赛，带伤参赛……有过一次又一次“痛苦”的完赛经历之后，我开始反省自己，寻找伤痛真正的原因：跑量过多，核心不足。

之后，我的跑量基本维持在300—350公里左右/月，最大的改变是每天增加了核心训练和早晚拉伸。不再像2015年那样无节制地随性跑，也控制自己报名参赛的次数和距离，并合理地分配比赛时间，调整赛前赛后的训练计划。

跑得少了，练得系统了，核心增强了，比赛时的状态反而更好了，一切比赛都在“安全完赛，体验第一”中完成。

Kaka：爱燃烧创始人，跑龄8年，参加过50余场马拉松。全马PB成绩2小时59分。

跑步过程中，受伤比较严重的是2013年的HK100越野挑战赛。70多公里的时候膝盖开始崩溃，后面只能靠登山杖一步一步挪回终点。不过，因为这次受伤也引发了我对跑姿的关注，比赛回来之后，我花了约半年时间调整跑姿，之后就没有再受过伤。

冯子鹏：知名跑者，姿势跑法教练，跑龄3年，全马PB成绩2小时46分。

如果了解竞技运动或者说所有运动的规律，你就会知道比赛不过是平日训练的反应，平日里练什么德行，比赛就跑什么德行。正确的跑步方法，规律系统科学的训练，才是避免训练、比赛受伤的重要因素。顽强的意志力或许在某些时候让你的小宇宙爆发，产生一些奇迹，提高你的运动表现，但相对的，在身体能力尚未达到目标成绩的时候，盲目地靠意志力去拼成绩，只能造成对自己身体的损伤。对于想要不断挑战自己的跑者来说，训练、比赛过程中有些小伤痛恐怕是在所难免，避免受伤的最好办法就是脚踏实地的训练，合理控制欲望，让身体拥有稳定的运动表现。

第5章

CHAPTER FIVE

马拉松的百科全录

前言

全球跑得最快的男跑者、女跑者是谁？最值得跑的马拉松赛事有哪些？PB、乳酸门槛跑、延迟性肌肉酸痛、马拉松“大满贯”是什么？著名赛事最快纪录是多少，谁创造的？还有哪些名人在跑马拉松？在这一章中都能找到答案。

与马拉松相关的知识有很多，这里我们主要介绍部分专业术语、马拉松历史上的各项纪录、全球有特色的马拉松汇总、2017全球马拉松赛事介绍、跑步APP以及跑步相关的公众号等，让跑友对马拉松有更全面深入的了解。

丁丁说

无论你是初跑者还是资深跑者，喜欢上一项运动，就要对这项运动有大概的了解，既有助于训练，也为了跑友间有共同话题，可以愉快地聊天。这章是读起来最轻松的一章，不需要钻研训练方法和比赛策略。只需要对马拉松相关的术语有个大概的感受，也可以从中找到感兴趣的比赛，了解通过什么渠道获取马拉松相关的新闻事件。

Virgin money
38903
58817

PART 1 专业术语指南

1. 基本术语

OR： Olympic Record 奥运会纪录

WR： World Record世界纪录

WL： world leader当年世界最好成绩

MR： match record赛会纪录

CR： Championship tournament record锦标赛纪录

AR： area record洲际纪录

NR： nation record国家纪录

Warmup/热身： 训练前10—15分钟的一段步行 、轻松跑或是任何低强度的活动。它可以逐渐增加心率、呼吸频率以及注射肌肉的血流量，从而为强度更大的活动做好准备。一场好的热身运动可以让身体运转得更有效率，有助于防止肌肉拉伤和扭伤。

Pace/配速： 一般指跑步时每公里的用时。例如在一次5公里跑步训练中全程用了“5分钟每公里”的配速匀速跑完，则全程用时 25 分钟。

Cadence/步频： 步伐的频率，每分钟的步伐数。研究表明最有效的步频是180 步。

Chip Time/净成绩： 跑步赛事中参赛者都会配戴记时芯片。净成绩即指芯片记录的成绩。为何很多时候净成绩会和比赛成绩不一样？因为跑步活动一般参加人数众多，比赛成绩起始时间以枪响为准，而每个人通过起点线的时间却是不同的。

BPM /心率： Beats Per Minute。跑步时每分钟心跳的次数。

Target Heart Rate/靶心率： 在从事有氧活动时，为了得到心肺最大的锻炼效果而需要达到的心率范围。这个范围一般是能达到的最大心率的 65%—80%。

PB（Personal Best）/个人最好成绩： 只要你有成绩，就是那个最快的成绩，不管你是在哪个比赛中跑出来的。

SB（Season Best）/赛季最好成绩： 本年（赛季）内你的最好成绩，不管你是在大冬天还是在三伏天跑出来的。

CB（Course Best）/赛会最好成绩： 同一比赛可能跑了很多次，成绩最好的那次。

Bib/号码布： 指印有号码（称为“参赛号码”）的布片，用于确定比赛中选手的身份。

Certifled course/获认证的赛道： 大部分的全程和半程马拉松赛事都由美国田径协会进行认证，以确保比赛距离经过精确测量。跑步成绩如果想被承认为纪录或进入全国排名系统，那么必须要在美国田径协会认证的赛道上取得。

Corral/分区： 比赛队列中一段隔开的区域，以便把选手按速度分组。一个选手速度越快，他越有可能被分到前面的某个分区之中。这些分区发挥着重要的作用，特别是对于有职业选手参加的大型马拉松赛事尤为重要。

Glycogen/糖原： 储存在肌肉和肝脏中的碳水化合物的形式，可以在运动时转化成葡萄糖提供能量。糖原的储存取决于你的训练水平以及饮食中的碳水化合物含量。在碳水化合物储备期间，糖原的储存量（可供比赛中使用）增加。

Rest/跑休： 一般而言是指彻底休息，不跑也不做其他任何运动；或者安排低强度的交叉训练，如瑜伽或游泳。如果之后是难度大的练习，跑休可以让身体得以适应和改善。

Splits/分段成绩：完成全程中的某段距离所需的时间。如果是800米跑或绕跑道两圈，可以在跑完第一圈时查看分段成绩。如果是马拉松，可以每1公里查看一次分段成绩，以便在整个比赛过程中保持均匀的配速。

2. 训练方法

Easy Run/轻松跑：不记时间、距离的轻松的跑步。

Recovery Run/恢复跑：在完成一项艰苦的跑步活动后（如参加一次半马）的后一天进行的恢复性的跑步。

SI（Speed Intervals）/变速跑或间歇跑：由瑞典人古斯塔夫·迈赫尔所创，又名"法特莱特跑"。训练时运动员利用自然环境，交替进行行走、慢跑、快跑，同时根据自己的主观感受决定加速、减速的时间和距离，适合体质较好或者有一定基础的长跑爱好者，通过变换速度，不仅可以加强人体耐力，而且能显著提高速度，对人体机能的全面发展大有益处。

VO2 max/最大有氧跑：顾名思义VO2 max是提高最大吸氧容量的练习，一般来说全力奔跑3—5公里距离时的速度是最大有氧跑，对于10公里或更短以内距离赛事的帮助效果特别显著。而5公里、10公里的速度是直接反映在马拉松成绩上的。

hill run/上坡跑：练习上下山坡，慢或快速交叉进行，能增强四头肌、小腿部、臀部、屈肌和臀肌肉的使用技巧和力量，在保持跑步速度上效果显著。

tempo run/节奏跑或乳酸门槛跑：乳酸是人体在运动过程中产生的一种物质，会使肌肉呈酸性，最终导致疲劳。节奏跑是采取合理的速度奔跑，使身体恰好处在一个临界点上，有乳酸产生，但是量很小。这样长时间的配速训练会有效提高身体去除乳酸的能力和效率，即乳酸门槛提高了，这也就意味着下次以相同速度跑步时，将不会有那么多的乳酸堆积在肌肉当中，运动员得以在疲劳前跑得更快更远。节奏跑最大的特别之处是均匀的速度，均衡有力，以最省力的方式达到最高效率，从而取得最好的成绩。

LSD（Long Slowly Sistance）/长距离慢跑：一般是指20公里或以上的距离，是一种全程保持匀速、感觉比较轻松的训练方式，每公里用时一般比正式比赛时慢20—50秒，训练目的是提高肌肉力量、耐力和有氧跑步的能力，可以培养对长距离的耐心、勇气和信心。某种程度上讲，LSD的心理作用甚至比生理作用更大。

turn over run/推进速度：主要为了提高轻松跑的速度。增加两腿交换的效率。20—30米冲刺跑10趟，100米跨步跑12趟或200米快速跑8趟，一个星期最少练一次，可于轻松跑后做。但是不要在强度练习后或者LSD的同一天做。

Aquajogging/水中慢跑：在触不到底的深水中克服水的阻力跑步，可以得到很多与陆上跑步一样的好处。你需要佩戴浮力腰带来保持身体直立和稳定。身体直立，略向前倾，目光前视，像在陆上那样正常跑，与此同时双手向后推水。腿的动作可以有多种：高抬腿，原地踏步；膝盖略弯，像越野滑雪那样摆双腿；做大跨步的腿部伸展动作。

Hill repeats/重复跑坡训练：一种训练方法，包含快速冲刺上坡、慢跑下坡恢复，然后再重复上述动作。这种训练被认为是增加腿部力量、提高速度以及有氧代谢能力的有效途径。通过限制快速跑的时间，重复跑坡训练能降低受伤的风险，而且万一跌倒，山坡的坡面可以缩短你跌落的距离，从而减少冲击。

Cooldown/冷身：长距离或高强度跑步之后的一段轻体力活动，如慢跑或步行。这样做有助于心率逐渐降低，并防止腿部充血。

Peak/峰值训练：训练计划中的最大跑量。一般指最长的长距离跑或安排最大跑量的那周。

Peridization/阶段性训练：将训练划分为几个周期，每个周期强调不同的训练目标。每个周期都建立在前一个周期的基础之上，循序渐进，以达到最佳的身体状态。全程和半程马拉松的训练计划按训练重点分成几个微周期：基础训练（强化心血管健康以及打好有氧适能的基础）、巩固期（以长距离跑来提高耐力）、提升期（提高速度）以及逐渐减量期（赛前缩减跑量）。

Quality wordouts/高质量训练：任何比日常跑步更快或更长的训练。在全程和半程马拉松训练过程中，此术语通常指的是长距离跑、速度练习以及节奏跑这些需要一到两天恢复时间的训练。

Run&walk/跑走结合：该方法由奥运选手、专栏作家、《跑者世界》每月“起跑线”栏目作者杰夫·加洛韦所普及。跑走结合可以让跑者直到最后都感觉有力气，并能快速恢复，同时还能提供和持续跑步一样的耐力和状态。通过在走和跑之间来回切换，可以调动各种不同的肌肉群，从而避免疲劳。要达到最大收益，必须在感到疲惫之前便开始走。如果等到感觉需要走时才走，那么你的身体已经疲惫不堪了，这时也就失去了跑走结合的意义。

Strides/踏步跑：也叫跨步练习或“加速跑”，通常为60—100米冲刺，是热身或常规训练的一部分。跨步跑可以提高心率和交换腿频率，让双腿得以跑得更快。每次跨步跑都要持续20秒、以90%的最大强度进行，两次之间可以轻松慢跑。

Yasso 800s/亚索800：由《跑者世界》首席跑步官巴特·亚索发明。这项训练不仅可以用来预测马拉松完赛时间，也可以用来为身体健康打下基础。这项训练共8组800米，间以400米的恢复跑。每组800米要在同样时间内跑完，这个时间就是你的全程马拉松目标时间——换算成分秒。也就是说，如果想在4小时内完成全程马拉松，你就要试着在4分钟内跑完每组800米。

3. 常用术语

Boston Qualifier/波士顿资格： 简称 BQ，指参加波士顿马拉松的资格。能获得 BQ 对于每一个跑者都是一种荣誉的象征，因为 BQ 的要求实在太高。

Rabbit/兔子： 跑步赛事中的领跑员。他们对自己速度和节奏控制较好，在赛事活动中起到领跑的作用，可以帮助参赛者提高成绩。

Taper/减少训练量： 在参加大赛前的几周，跑者减少训练量，得到更好的休息，为比赛储备更多的能量。

背靠背： 参赛者相隔一周连续跑两个全程马拉松。更有甚者，在周末两天连续参加全马比赛。

Carb-loading/碳水化合物储备： 又称糖原负荷，指在参加耐力项目（如全马或半马，甚至是长距离跑训练）前的3—5天内，增加饮食中碳水化合物比例的做法。注意：碳水化合物储备不是简单地多吃些东西。碳水化合物储备可以在肌肉和肝脏中储存糖原，以便在比赛中使用。最有效果的做法是，与减量训练一起进行。要确保选择富含碳水化合物的食物，而不是多脂肪的。

关门： 一般指进行马拉松比赛的截止时间，从鸣枪开始算起。

Splits/分段： 将一次长跑划分为数段，每一段就是一个 split。

negative splits/后段加速： 指比赛的后半段比前半段更快，一般认为这样更好。

Hitting the Wall/撞墙： 跑步过程中出现的感觉无法再前进的现象。造成的原因有很多，例如体力不够、跑得过快、距离超过了平时训练量等等。

心肺耐力： 由于长跑是有氧运动，所以能够长时间提供有氧能量是最基本要素，而这就有赖心肺功能，以提供肌肉足够氧气来产生能量，而最能代表心肺耐力的生理指标是最大摄氧量，所以长跑运动员的最大摄氧量可以是一般健康人士的两倍。

DOMS/延迟性肌肉酸痛：在长距离跑步 24—48 小时后的肌肉酸痛，在上下楼梯等时候更明显。

Runner’s Knee/跑步膝：在跑者群体中最常见的劳损，由于过多的训练造成。

Shin Splints/外胫夹：常见跑步伤痛之一，由于跑步造成的围绕胫骨处的疼痛。

Plantar Fasciitis/足底筋膜炎：训练过量造成的脚底的疼痛。

ITBS/髂胫束综合症：髂胫束指腿上从膝盖外侧大腿外侧臀部下，到在膝关节外侧小腿上的部位。ITBS 则指这段部位的损伤、疼痛。

10% Rule/百分之十原则：一种流行的训练指导准则，指每周增加里程不得超过上周的 10%。

肌力及肌耐力：要能够改进比赛成绩除了心肺耐力就是腿部肌肉耐力，尤其是臀大肌、股四头肌及小腿肌肉，而肌力就是肌耐力的基础。研究发现，肌力改善后，肌耐力就更容易通过适当训练而改善。

Core stability/核心稳定：核心稳定就是指躯干能否保持稳定。长跑好手在跑步中，上身都不会左摇右摆的，因为稳定的躯干才能保持向前移动的能量，所以核心稳定是跑步速度的保证。

Aid station/补给站：也叫水站，由志愿者在沿途设置，发放水和运动饮料。大型比赛中经常会发放能量胶、能量棒以及其他物品。

Athena/雅典娜：赛事通常会为超过一定体重的女性选手设定专门的分组，俗称“雅典娜”或“小牝马”。在不同的赛事中，该分组对最低体重的要求也会不同。

Clydesdale/克莱兹代尔挽马级：赛事通常为超过一定体重的男性选手设定专门的分组，人称“克莱兹代尔挽马”。在不同赛事中，该分组对最低体重的要求也不同。

BMI（Body Mass Index）/身体质量指数：也叫体重指数。一种简单的衡量身体脂肪的指标，可用于测定一个人的体重是否处于健康范围。BMI值可以用身高和体重相比较而得出。

Chip/计时芯片：一个系在鞋带上的小塑料片，用来在比赛中记录选手进程以及成绩。选手一旦踏上比赛起点、终点以及途中多处的电子计时地毯，便会激活计时芯片。在大多数比赛中如果忘记佩戴计时芯片，那么选手的比赛成绩不会被正式记录。

Endorphins/内啡肽：脉冲分泌的化学物质，可以产生"跑者的愉悦感"——据跑者们的描述是他们所经历的一种欣快感。最新的研究将其归于内源性大麻素——身体产生的分子物质，据说它可以减轻疼痛、缓解焦虑以及提升幸福感。

Overtraining/训练过度：运动负荷过大，超出身体恢复能力，从而导致成绩下滑。过度训练会导致疲劳、厌倦训练、比赛成绩不佳、易怒以及对跑步失去热情。严重的会导致睡眠紊乱、免疫功能低下、食欲不振以及女性停经。

RICE/大米原则：指休息（Rest）、冰敷（Ice）、压迫（Compression）和抬高（Elevation）。这些措施可以缓解疼痛、消除肿胀、保护受损组织，从而加快康复。在受伤之后立即进行最有效果。RICE法是很多疼痛的标准处理方法，如大腿拉伤或踝关节扭伤。

Side stitch/岔气：也叫"急性胸肋痛"。通常表现为胸腔下部（有时也会在躯干上部）感到的剧烈疼痛。岔气被认为是由膈肌痉挛、肠内气体或胃中食物所引起的，通常发生在高强度训练或比赛中。要消除岔气，可以先留意一下吸气和呼气时脚落地的顺序，然后调换一下。也就是说，如果吸气时迈右脚，那么就换成吸气时迈左脚。若上述方法不起作用，可以停止跑步，双臂举过头顶，把腰弯向岔气的另一侧，直到疼痛缓解。

PART 2 马拉松全球纪录大起底

1. 著名的世界纪录/赛会纪录

（1）全球全程马拉松的世界纪录

1908年，国际田联确认了首个男子马拉松的最好成绩2小时55分19秒。经过一个多世纪的努力，人类已经将这个时间缩短了50多分钟。

男子：2014年，肯尼亚人基梅托在柏林马拉松以2小时2分57秒成为了首个打破2小时3分钟大关的选手。

女子：2003年，英国长跑奇才女子选手拉德克里夫，在伦敦马拉松的赛场上跑出了2小时15分25秒。不过国际田联实施新规，不再承认女选手在男选手领跑下创造的世界纪录，由于拉德克利夫是在两名男选手领跑下创造了2小时15分25秒的成绩， 所以这个成绩将会被作为世界最好成绩，不再作为世界纪录。2017年4月23日伦敦马拉松，肯尼亚名将玛丽·凯塔尼以2小时17分01秒的成绩创造了新的纯女子马拉松世界纪录，并获得冠军。

表5-1　最近5次世界纪录的演变（男子）

时间（年）	马拉松赛	创纪录者	国　籍	纪　录
2007	柏林	格布雷西拉西耶	埃塞俄比亚	2:04:26
2008	柏林	格布雷西拉西耶	肯尼亚	2:03:59
2011	柏林	帕特里克 · 马考	肯尼亚	2:03:38
2013	柏林	威尔逊 · 基普桑	肯尼亚	2:03:23
2014	柏林	丹尼斯 · 基梅托	肯尼亚	2:02:57

表5-2　最近5次世界纪录的演变（女子）

时间	马拉松赛	创纪录者	国　籍	纪　录
1999年	柏林	洛鲁普	肯尼亚	2:20:43
2001年	柏林	高桥尚子	日　本	2:19:46
2001年	芝加哥	凯瑟琳·恩德雷巴	肯尼亚	2:18:47
2002年	芝加哥	宝拉·拉德克里夫	英　国	2:17:18
2017年	伦敦	玛丽·凯塔尼	肯尼亚	2:17:01

（2）全球最快的马拉松赛事TOP5

TOP1:柏林马拉松赛最好成绩2小时2分57秒

柏林马拉松的赛道被冠以“世界最快赛道”的称号，尽管赛事历史只有42年，不过因为它的赛道平直，起伏不大，且举办时间是每年的9月底，气候温度适宜，所以这里成为众多精英马拉松选手打破记录的理想之选。从2003年开始，男子马拉松的世界纪录（被国际田联承认的）连续6次在这里刷新。“最快马拉松”的称号当之无愧。

TOP2:伦敦马拉松赛最好成绩2小时4分29秒

伦敦马拉松赛虽然路线曲折迂回，甚至某些地方可以说狭窄，但是没有山坡，因而它也是一条快速赛道。再加上沿途优美的景色、热情的观众和几乎完美的组织工作，这一切都吸引着那些马拉松优秀选手。现在这里的最好成绩是2小时4分29秒，是2014年由基普桑创造的。

TOP3:芝加哥马拉松赛最好成绩2小时4分40秒

芝加哥马拉松赛，是历史上赛事规模增长速度最快的比赛。平坦的赛道、凉爽的天气、高额的奖金和优秀的赛事管理是芝马频频能创造好成绩的重要原因。

TOP4:迪拜马拉松赛最好成绩2小时4分46秒

创立于1998年的迪拜马拉松是“世界最土豪马拉松”，其赛事奖金非常之高。所谓“重赏之下必有勇夫”，高额的赛事奖金成为了吸引世界顶尖选手参赛的最大源动力。2008年，组委会决定再追加100万美元的破纪录奖金，这也令参赛选手们憋足了劲儿。再加上迪拜1月凉爽的气候也很适宜跑步，所以该项赛事成绩斐然也就理所应当了。

TOP5:鹿特丹马拉松赛最好成绩2小时4分52秒

对于马拉松爱好者来说，这里很受欢迎。鹿特丹是港口城市，所以完全看不到山坡，地势一马平川，绝对平坦快速，因而受到很多跑者的喜爱。它打破了只有大城市才能举办马拉松的断言，因此马拉松赛也成了鹿特丹城市的骄傲。

（3）六大满贯赛会纪录

赛事名称	创办时间	举办地	比赛时间	目前赛会最佳纪录	
				男子	女子
波士顿马拉松	1897年	波士顿/美国	每年4月中旬	杰弗瑞·穆泰/肯尼亚（2011年）	玛格丽特·欧卡约/肯尼亚（2002年）
				2:03:02	2:20:43
纽约马拉松	1970年	纽约/美国	每年11月初	杰弗瑞·穆泰/肯尼亚（2011年）	格雷特·维茨/挪威（1980年）
				2:05:06	2:25:42
柏林马拉松	1974年	柏林/德国	每年9月下旬	基梅托/肯尼亚（2014年）	格拉迪斯/肯尼亚（2015年）
				2:02:57	2:19:25
芝加哥马拉松	1977年	芝加哥/美国	每年10月中旬	基梅托/肯尼亚（2013年）	拉德克里夫/英格兰（2002年）
				2:03:45	2:17:18
伦敦马拉松	1981年	伦敦/英国	每年4月下旬	基普乔格/肯尼亚（2016年）	玛丽凯塔尼/肯尼亚（2017年）
				2:03:05	2:17:01
东京马拉松	2007年	东京/日本	每年2月	迪克森·坤巴/肯尼亚（2014年）	泽盖耶/埃塞俄比亚（2014年）
				2:05:42	2:22:23

马拉松“大满贯”是国际田联于2006年推出的包括英国伦敦、德国柏林和美国波士顿、芝加哥和纽约5个世界上最有影响力的马拉松赛事，2013年开始又加入了东京马拉松，成为了六大满贯。

东京马拉松

时间：2月份
规模：超过3万5千人

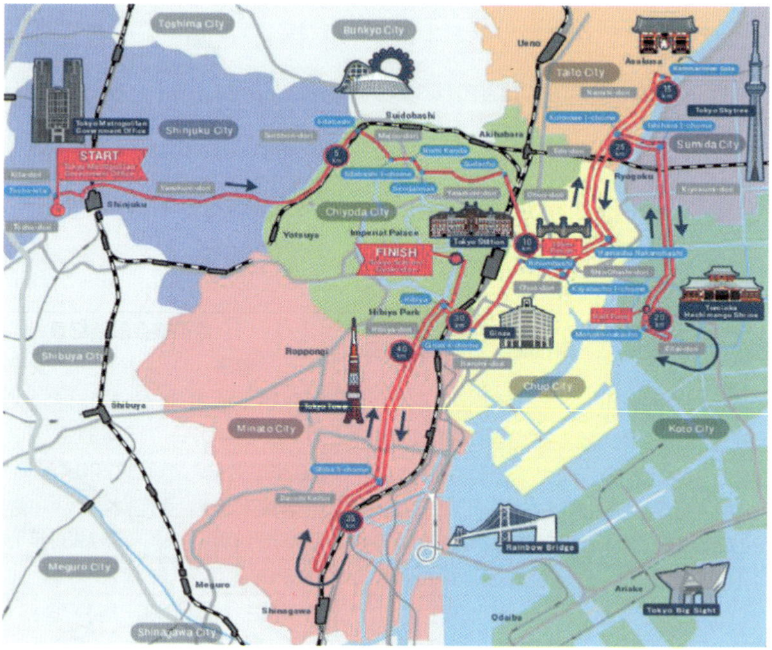

东京马拉松路线图

东京马拉松以完善的流程、热情的服务，以及整个东京全民总动员的热情而闻名。比赛的路线经过市中心最热闹的旅游区和商业区：浅草、日本桥、银座等，而在比赛的当天，有超过200万名观众聚集在赛道两边为参赛选手加油，并给跑者送去各种美食和补充能量的糖、巧克力等，气氛非常热闹。而沿途各种奇装异服和群众自发的表演也是东京马拉松的一大看点。

在2017年2月举行的东京马拉松，总计参赛人数达到33977人。其中男子完赛26285人，女子完赛7692人。肯尼亚选手包揽了2017年东京马拉松的男女冠军，并双双创造新的赛会纪录：男子冠军是前世界纪录保持者威尔逊·基普桑，成绩为2小时3分58秒；女子冠军是萨拉·基普彻彻尔，成绩为2小时19分47秒。

跑者评价

2016年2月28日，踏上东京马拉松这条最热情的赛道，也让我深深地被日本的跑步文化所撼动。

“RUN as ONE”的口号，彰显着东京马拉松的人文情怀：全世界的跑友，不同人种，不同语言，聚集在这里。而连接他们的，不是金钱，恰恰是一场“虐”且畅快的马拉松修行。

志愿者的温暖，让不懂日文的我们轻松地完成一切领物手续。沿途东京市民热情似火，42.195公里的赛道被他们挤得没有任何空隙，“刚八代”的加油声震耳欲聋。

当然，东京马拉松的赛道更是横穿所有东京美景：歌舞伎町纸醉金迷；从宫闱悠悠的日本皇居穿越，体验将东京过去与现代的连接；在东京塔的第一个折返；在活色天香的银座惊诧于琳琅满目的补给；浅草寺雷门的红色灯笼预示着第二次折返；最后几公里的海边的坡直冲终点。

东京马拉松，一个我会去很多次的马拉松！

—— 跑者/小糯橙橙

波士顿马拉松

时间：4月中旬
规模：超过3万人

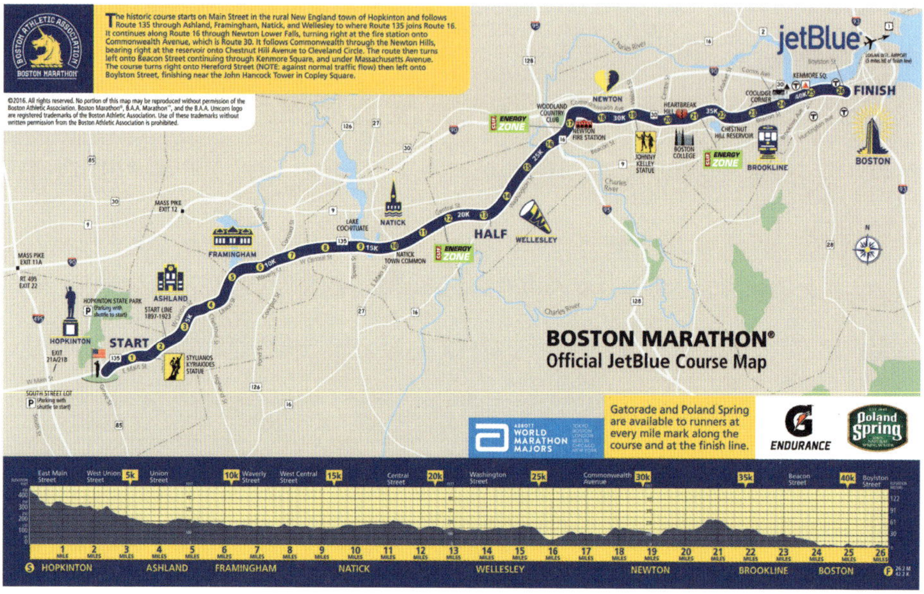

波士顿马拉松路线图

波士顿马拉松始于1897年4月19日，是全球首个城市马拉松比赛，拥有全世界最古老的赛道，但起伏较大，难出成绩，特别是在25公里到34公里的牛顿山丘，对参赛者而言，这是最难熬的撞墙期，因而这段路程也被称为“心碎坡”。另外，波士顿马拉松也以严格的速度门槛著称。

2017年波士顿马拉松总计30074人报名成功，实际27221人参赛，参赛率90.51%。缺席率不低；26411人最终完赛，完赛率97.0%，在马拉松中算是极高的比例了。其中男性完赛比例97.3%，女性96.7%。来自肯尼亚的新星Geoffrey Kirui首秀便以2小时9分37秒获得冠军，女子方面肯尼亚的39岁老将Edna Kiplagat最终拿到冠军（2小时21分52秒）。

跑者评价

波士顿马拉松也许是每一位严肃跑者的朝圣之地，波士顿马拉松跑的不是42.195公里的距离，而是一种坚持，一种文化。到了波士顿机场就感觉空气弥漫了马拉松味道，大小的街道都是宣传语，世界各地的跑者都会微笑示意打招呼。波马的expo就在终点附近，比赛还没开始，整个终点完完全全成了赛前的大趴，波马expo其实和大部分的会场不同，各种品牌的摊位中最受欢迎的还是官方赞助商的服装区，完完全全的人满为患，说真的波马完完全全是一种身份的象征，一个荣誉的殿堂。波马的起跑时间是按照跑者的运动成绩来分段起跑，相对4小时、5小时起跑的跑者来说，后半程对他们来说是一种考验。波马的整体路线成下坡，赛前都说波马的赛道“伤心坡”啥啥的，我个人觉得不是很难跑，比纽约好跑多了。波马从开始到结束一路上基本都是当地的百姓在给你呐喊助威，他们很喜欢叫跑者的名字，如果你胸前有注明的话，他们就会喊你的名字。

42.195公里的距离结束后，你会迅速被志愿者挂上独角兽奖牌，并会恭喜你完赛，祝贺你成功，完赛通道依然还会有很多医生在那主动询问跑者的身体状况等，总之，国外的马拉松赛事组织和执行真的要竖大拇指。

—— 跑者/杨帅

伦敦马拉松

时间：4月下旬
规模：超过3万人

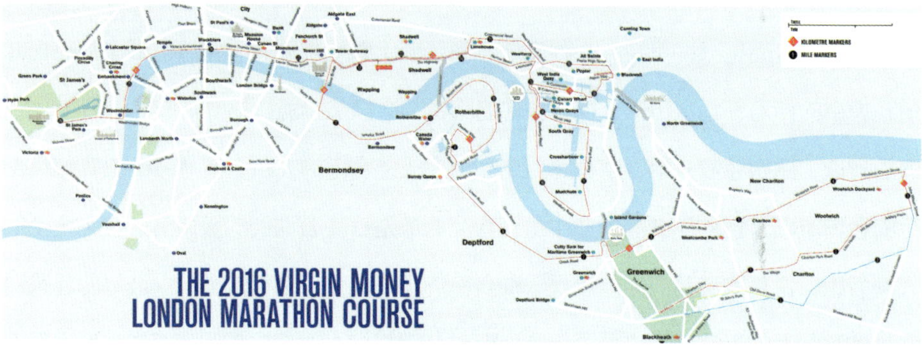

伦敦马拉松路线图

伦敦马拉松是一场全世界最大的慈善活动。从1981年创办至今，它已经募集了近6亿英镑的慈善捐款，每年参加伦敦马拉松的人当中有三分之一的跑者是为慈善奔跑。

2017年4月，伦敦马拉松赛有4万多人参加，是该项赛事创办37年来参加人数最多的一届。其中，来自肯尼亚的玛丽·凯坦尼，作为女子组的最大夺冠热门，以2小时17分01秒的成绩夺冠，打破了由英国选手拉德克里夫保持的2小时17分18秒的纯女子竞技的世界纪录。男子组方面，实力最强的埃塞俄比亚名将贝克勒状态不佳，屈居亚军，肯尼亚选手万吉鲁以2小时5分48秒获得冠军。

跑者评价

伦敦马拉松给我印象最深的就是参赛人数众多，沿途风景迷人，而且又是六大满贯里面唯一的慈善赛事。沿途热情的观众和那排山倒海般的欢呼声让我血脉喷张。令我惊叹不已的是沿途都以瓶装水给选手补给，赛事途中喝起来非常方便顺口，但浪费实在是极大，真的需要改进了。四天之内，我两次远度重洋，飞往于波士顿和伦敦，完成了我有生以来不可能完成的连续两个马拉松。赛后，挂上向往已久的完赛牌，仰望着伦敦的蓝天白云，真是感慨万千。别了，伦敦，期待明年2月在东京顺利完成我六大大满贯的收官之战后再来伦敦。

—— 跑者/葛跃

柏林马拉松

时间：9月下旬
规模：超过4万人

柏林马拉松路线图

成立近40年的柏林马拉松，曾诞生过6个世界纪录。选手们在柏林马拉松屡创佳绩，主要得益于柏马的路线设计，除了中途和终点前的两个坡道外，柏林马拉松的赛道都很平坦宽敞，而且路线相对笔直，极易出成绩，一直保持着六大满贯最快成绩纪录。2014年，肯尼亚人基梅托在这里创造了2小时2分57秒的世界纪录，也是人类的马拉松成绩首次突破2小时3分大关。2015年的柏林马拉松女子组冠军格拉迪斯以2小时19分25秒的成绩打破了尘封14年的赛会纪录。

跑者评价

柏林是继东京后，我的第二个六大，也跑出了我的全马PB。赛前在C区的前沿和来自上海的伙伴拥抱看前方大屏幕上滚动播放的宣传片，现场DJ卖力的歌曲声中，感到自己血液开始燃烧。随着轮椅组提前出发和特邀选手的入场，现场每个人脸上都显示出亢奋的神色，身体开始躁动，气氛已经燃烧到了顶点。这种感觉铭刻心底。9时半，比赛开始，41秒后过线按下手表向前狂奔。柏林整个赛道偏窄，到胜利女神像前开始分流，马拉松线路基本是围着中心城区跑，然后绕外围跑。踏上通过勃兰登堡门的砖石路，也就看到了终点拱门。看到拱门上跳动的数字，心中征服的心情油然而生，一夏天所有的困惑、疑问、不安随着这一刻的到来完全的释放出来。

—— 跑者/秦震宁

芝加哥马拉松

时间：10月中旬
规模：超过4万人

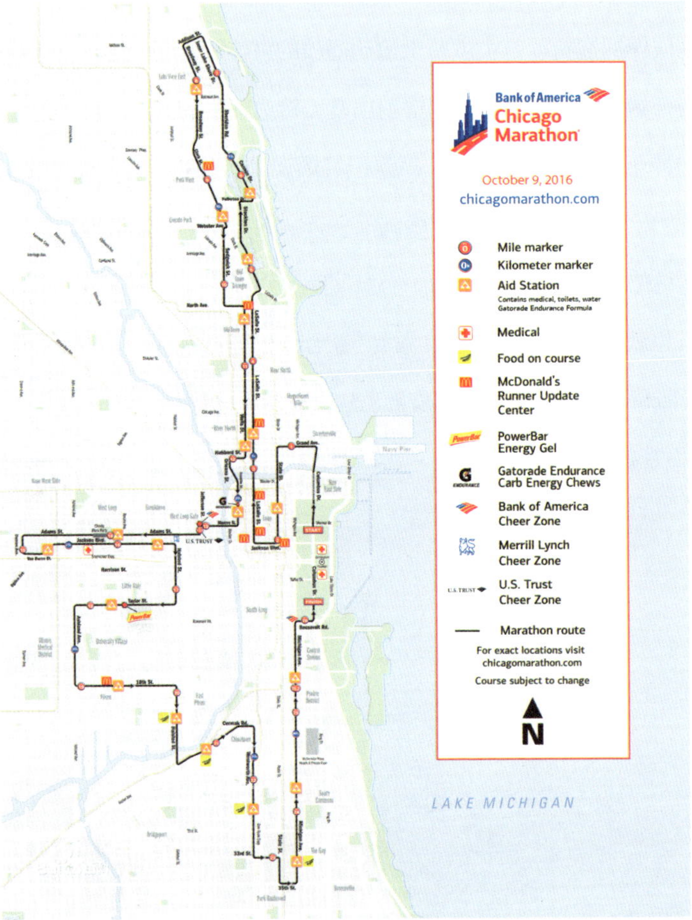

芝加哥马拉松路线图

芝加哥马拉松除了和柏林马拉松一样，因为其超级平坦的赛道而成为世界上著名的“快速马拉松”之外，也以优秀的赛事管理与对普通选手周到的照顾，建立起了自己在世界马拉松中的地位。对普通参赛者来说，比赛路线充分展示了芝加哥的迷人之处，从市中心的摩天大楼到不同种族的聚居区。

跑者评价

芝加哥的赛事准备充分展示了世界六大满贯赛事应具备的高端服务水准。开赛前就准备的大量能量饮食帮助跑者储备糖原，无缝补给贯穿赛道始终。这一天整个城市所有人的热情都投入到了这42.195公里，每个人用自己的力量帮助赛道上的每一名参赛选手。在赛道上，你只要专注去跑，享受比赛。

—— 跑者/吴炤俊

纽约马拉松

时间：11月份
规模：超过5万人

创办于1970年的纽约马拉松的声誉仅次于波士顿，每年11月初举行，参赛人数最多曾超过10万人，通过纽约大吊桥时连桥身都震动，场面非常壮观。纽约马拉松是每年最后一场大满贯的收官赛事，就像一场世界马拉松年度大趴，比赛过程丰富，赛道很具趣味、民众同乐，追求平等与自由的精神。

纽约马拉松路线图

跑者评价

纽约马拉松是世界上规模最大的马拉松赛事，也是六大满贯中极不好跑的赛事之一。赛道连接纽约的五大岛屿，穿越多座大桥小坡，让初来乍到的我，也算是踏遍纽约了。

纽约马拉松的起点便是知名的斜拉索桥（Verrazano-Narrows Bridge）。起跑分为4个时段出发，每个时段出发的跑者，也被分在蓝绿橙三个颜色，分别在桥的左侧、右侧、下侧同时出发。几万人踏上大桥的那一瞬，整座桥都在颤动，似乎在因为我们的跑者精神而舞动。

纽约马拉松的赛道无疑是艰难的，不说跨海大桥的坡度，就是被海风吹过的几公里，就足以考验跑者的意志。

终点位于中央公园区域，人山人海，加油声震得整个地面都在颤动。各种小坡依旧，然而征服纽约赛道的成就感随着冲刺区的各国国旗，在纽约马拉松的上空荡漾。

纽约马拉松是5万多人的马拉松大派对，是在上下坡中激荡的42.195公里。

——跑者/陈炜渊

2. 各大赛事特色纪录

踩高跷最快马拉松：这一纪录由两个人同时创造。2012年4月22日的维珍伦敦马拉松赛，乔治和查理・菲利普斯以6小时50分2秒的成绩同时创造了该纪录。

运篮球最快马拉松：边跑马拉松边运篮球，由爱沙尼亚人Joosep Mooses在2014年9月14日的SEB塔林马拉松赛中创造，成绩是3小时14分57秒。

20磅负重最快马拉松（女子）：英国人Gill Begnor在2014年4月13日的维珍伦敦马拉松赛中，以5小时7分56秒创造该纪录。

每一个大洲均跑了一次马拉松和一次超级马拉松用时最短：巴基斯坦人齐亚德・塔里克・拉希姆从2013年2月26日到2014年3月8日，历时1年零9天22小时20分40秒，在每一个大洲都跑了一项马拉松和一项超级马拉松，成为最快达到这一成就的人。

推婴儿车最快马拉松（男子）：成绩是2小时42分21秒，由美国人Michael Wardian在2007年5月6日的弗雷德里克马拉松赛中创造。

马拉松完赛最胖的人：美国的相扑国手凯利・格耐廷在2011年3月20日完成了拉斯维加斯马拉松赛，成绩是9小时48分52秒。开赛前他的体重是400磅，也就是181.44公斤。跑完全程之后，他的体重降至396.2磅，即179.71公斤。

父子最快马拉松：2014年4月13日维珍伦敦马拉松赛上，格雷厄姆・格林和他的儿子本・格林以5小时18分35秒携手完赛，创造了父子跑马拉松新纪录。

最年长马拉松完赛者（女子）：美国人格拉迪斯・伯里尔在2010年12月12日参加火奴鲁鲁马拉松赛时已经92岁零19天的高龄，她的成绩是9小时53分16秒。

最年长马拉松完赛者（男子）：在英国伦敦，105岁的福贾・辛格完成了马拉松比赛。这位百岁老人作为世界上完成马拉松年纪最大的选手，被英国女王授予了大不列颠帝国勋章。

世界上马拉松跑得最多最快的人：英国的史蒂夫・埃德沃兹先后创造并保持400

个、500个和600个马拉松的平均完赛时间最短的世界纪录，平均用时分别为3小时11分、3小时14分和3小时17分。

3. 名人/个人特色纪录

（1）马拉松历史上跑得最快的TOP5男选手

TOP1:丹尼斯·基梅托

肯尼亚的丹尼斯·基梅托，现世界纪录保持者，他在2014年的柏林马拉松上跑出了2小时02分57秒的成绩，成为第一个跑进2小时3分的选手。目前世界最好成绩的前10个里有2个属于他。

TOP2:以马利·穆泰伊

与基梅托一样，同样来自肯尼亚的穆泰伊也在2014年的柏林马拉松上创造了个人最好成绩，他以刷新此前世界纪录的成绩获得了亚军，成绩是2小时03分13秒，同样，目前世界最好成绩的前10个中有2个是属于他的。

TOP3:威尔逊·基普桑

2013年，还是肯尼亚人基普桑，还是在柏林，创造了当时的世界纪录，成绩是2小时03分23秒，他依然在世界最好成绩的前10个中占有2席。

TOP4:帕特里克·马考

依旧是肯尼亚人，还是在柏林。2011年，马考在柏林马拉松上以2小时03分38秒，创造了当时的世界纪录。

TOP5:格布雷希拉西耶

埃塞俄比亚名将格布雷希拉西耶，2008年又是在柏林马拉松上创造了当时的世界纪录2小时03分59秒。

（2）马拉松历史上跑得最快的TOP5女选手

TOP1:宝拉·拉德克里夫

现世界纪录保持者，已经退役的英国名将拉德克里夫无疑是目前马拉松跑得最快的女人。不仅仅因为她的世界纪录已经保持了13年无人打破，更重要的是，目前世界前10个最好成绩里她独占了4个，而且世界前3都属于她。作为英国人，伦敦无疑是她的福地，这4个最好成绩里有3个都是在伦敦创造的。

TOP2:玛丽·凯特尼

肯尼亚的凯特尼在2017年的伦敦马拉松上跑出了2小时17分01秒的目成绩，打破了拉德克里夫保持的2小时17分42秒的纯女子马拉松世界纪录，也是近些年成绩最好的女子马拉松选手。目前世界前10个最好成绩里她占了2个。

TOP3:凯瑟琳·恩德雷巴

同样是肯尼亚人，凯瑟琳·恩德雷巴在2001年的芝加哥马拉松赛上创造了当时的世界最好成绩2小时18分47秒。

TOP4:格拉纳

伦敦马拉松冠军、埃塞俄比亚人的格拉纳，在2012年的鹿特丹马拉松上跑出了2小时18分58秒的成绩。

TOP5:野口瑞希

日本选手野口瑞希是雅典奥运会的马拉松冠军，2005年她在柏林马拉松赛上跑出了2小时19分12秒的好成绩。她是目前亚洲跑得最快的女子马拉松选手。

（3）名人马拉松最好成绩

商界

丁祖昱/易居中国CEO：全马个人成绩——2小时58分
刘常科/轻轻家教CEO：全马个人成绩——3小时01分

郁亮/万科地产总经理：全马个人成绩——3小时18分。

毛大庆/优客工场创始人：全马个人成绩——4小时30分。

张朝阳/搜狐集团董事局主席兼CEO：全马个人成绩——4小时50分

李小白/新丝路时尚集团董事长全马个人成绩——3小时25分

明星

陈冠希/中国香港演员：全马个人成绩——3小时55分。

爱德华·诺顿/美国演员：全马个人成绩——3小时48分。

奥普拉·温弗里/美国主持人：全马个人成绩——4小时29分。

孙楠/中国歌手：全马个人成绩——5小时51分。

政界

乔治·W. 布什/前美国总统：全马个人成绩——3小时44分。

萨拉·佩林/阿拉斯加前州长：全马个人成绩——3小时59分。

艾伯特·戈尔/前美国副总统：全马个人成绩——4小时54分。

德维尔潘/法国前外长、前总理：全马个人成绩——2小时57分。

亚历山大·斯图布/芬兰前总理：全马个人成绩——3小时17分。

威廉·亚历山大/荷兰国王：全马个人成绩——4小时27分。

体育明星

迈克尔·欧文/英国足球球星：全马个人成绩——3小时45分。

兰斯·阿姆斯特朗/美国环法赛七冠王：全马个人成绩——2小时46分。

刘翔/中国110米栏运动员：10公里个人成绩——50分钟。

科学家

艾伦·图灵/计算机科学之父：全马个人成绩——2小时46分。

沃尔夫冈·克特勒/2001年诺贝尔物理学奖得主：全马个人成绩——2小时49分。

文人

春上村树/作家：全马个人成绩——3小时31分。

PART 3 全球及国内特色马拉松

1. 全球十二大特色马拉松

每年除了WMM六大满贯赛事以外，还有以下赛事也是马拉松爱好者不错的选择。

巴黎马拉松 | 时间：4月份，法国

春天的巴黎树木萌芽、鲜花缤纷，是全世界最适合步行的城市。每年在这个季节举办的巴黎马拉松无疑吸引了众多的长跑爱好者。鸣枪起跑点是香榭丽舍大道旁的Rue Galilee，东西向的慢跑路线横穿整个巴黎，沿途会经过协和广场、卢浮宫、艾菲尔铁塔等诸多耳熟能详的名胜。

新加坡马拉松 | 时间：5月份，新加坡

新加坡5月份的温度已经很高，在日落之后举办马拉松赛事，就是让大家在夜晚时分避开太阳、挥洒汗水。这个在夜间举行的城市马拉松更像一场派对，主办方也将娱乐精神进行到底，在比赛前都会在著名的F1方程式 PIT中心举办一次夜间主题晚会，穿着比赛服的参赛者都精心装扮，大家在星空下嗨起来。

跑者评价

大大小小上百场比赛，新加坡日落马拉松是目前最让我感动的一场比赛。深夜12时的新加坡热且闷，然而来自世界各地的几万名马拉松发烧友对待马拉松的

态度，却让人忽略了天气的问题、赛道的问题以及补给的问题，我相信很多的爱好者通过这一场马拉松更加认识到自己内心深处是不是热爱跑步，相信很多跑友在这场比赛当中也拼搏到感动自己。我自己也在这一场比赛当中感同身受，然而让我感动自己的不是我拼尽全力去参加一场比赛，而是我从小到大接近20年一直在跑步的这种坚持让我自己感动。新加坡马拉松给了我太多的第一次，第一次在夜晚跑马拉松，第一次没有与观众互动，因为根本就没有观众，第一次跑完之后静静的等待日出，第一次安安静静地跑一场马拉松，同时也是第一次在人海中冲向终点。新加坡日落马拉松不像是比赛，更像是一场盛大的聚会，找寻自我的一场聚会!

—— 跑者/李伟

火奴鲁鲁马拉松 | 时间：10月份，美国

在太平洋的小岛上一场没有关门时间的马拉松，这说的就是夏威夷的火奴鲁鲁马拉松了。作为一项举办超过40年的传统经典国际马拉松赛事，火奴鲁鲁马拉松一直以全海岸景观赛道与周到贴心的赛道服务著称，一直稳居世界十大马拉松一席。赛事全程设置16个大小不一的救护补给站，并有超过2300名赛事志愿者提供整场比赛的赛事相关服务，在补给站除了提供充足的水和运动饮料外，甚至还有能量胶提供给参赛者补充体力。起跑时间是早晨凉爽的5时，顺着沿海公路一路向东，伴随着悠悠海风和粼粼波光，光是想象就已经感觉美到醉人。日出气温升高后，赛事组委会也会提供冰块、喷淋水雾这样的降温措施来确保参赛者的身体状况，热情如当地阳光般的志愿者也会自发来到赛道两旁高举加油板为选手们鼓劲。

法兰克福马拉松 | 时间：10月份，德国

位于美茵河畔的法兰克福，是德国的第五大城市，法兰克福马拉松作为德国最

古老的城市马拉松赛，首先它是国际田联认可的金标赛事，也是德国第二大马拉松比赛，第一名就是光芒万丈的柏林马拉松。和柏林马拉松一样，官方的组织工作相当出色，法兰克福马拉松也是世界上著名的快速赛道之一，赛道也极为平坦宽阔，起伏较小，42.195公里总计上升仅27.8米，是一条公认的“快速道”。根据2011年世界著名马拉松比赛结果统计，法兰克福一共有11965人完成全程，其中896人跑进3小时以内，占比7.49%——从某种意义来说，法兰克福是世界上最快的马拉松比赛。

迪拜马拉松 | 时间：1月份，阿联酋

男女组冠军奖金各为20万美元，堪称是世界上最土豪的马拉松赛事，所以每年都吸引着世界顶级选手的参加，成绩有逐年提高的倾向。所谓“重奖之下必有勇夫”，迪拜马拉松在过去的10多届比赛中诞生了5个世界纪录，“烧钱痛快”的迪拜马拉松成为仅次于伦敦马拉松的“快马”（屡屡诞生佳绩），是全球十大经典马拉松之一，被誉为“梦想之路”。

跑者评价

迪拜，吸引世界上无数高手前来参赛，近3万人参加了此次全球最壕马拉松赛事。全马及10公里的起点均位于朱美拉古城对面的Umm Suqeim路，在地标性建筑——迪拜帆船酒店附近，一抬头就能欣赏到它与众不同的宏伟美丽，而我也创造了迪拜马拉松华人最快纪录2小时46分。特别感谢UCRC华人跑步俱乐部，热爱运动的华人跑友为参赛选手提供强大的后勤保障。很荣幸与世界最高水平选手同场竞技。

—— 跑者/马亮武

名古屋女子马拉松 | 时间：3月份，日本

名古屋女子马拉松是世界上最大的女子马拉松赛事，也是nike女子马拉松系列中

的一站。超过1.5万人参赛，从名古屋巨蛋出发，赛道起伏平缓，关门时间也很宽松，7小时可以不用太过紧张。完赛后由穿燕尾服的日本帅哥为你献上蒂芙尼的经典盒子及缎带，里面是名古屋女子马拉松专属的蒂芙尼项链。

跑者评价

参加一次名古屋女子马拉松，或许是所有女性跑者的梦想。这场专属于女性跑者的马拉松大赛，也将女性跑者特有的细腻、对美的追求体现得淋漓尽致。大赛不仅贴心地为女性跑者准备所有你能想到、用到的装备及补给。完赛后的一条蒂芙尼特制专属马拉松项链奖牌更是名古屋女子马拉松的一大亮点。想拥有蒂芙尼专属马拉松项链，想真真切切体验到跟姐妹们奔跑的快感，想享受到女王、公主般的赛事体验，名古屋女子马拉松不会让你失望

—— 跑者/走走

波尔多梅铎红酒马拉松 | 时间：9月份，法国

每年9月的一天都有一大群跑者“酒驾”、“超速”、“过量饮食”，若你呵斥，他们也能拿出“追求打破纪录者，不在邀请之列”的荒诞规定反驳。这伙人穿行50多座酒庄，奶酪、鹅肝酱、生蚝、牛肉吃个遍，跑完还有机会得到顶级红酒，一小部分人便因不胜酒力未能完赛——梅铎红酒马拉松，不喝三瓶不过线（全程每个补给站都喝，加起来可以喝三瓶红酒）。据说每年都有10%的参赛者因为不胜酒力而未能完赛。而既然沾了酒，PB之类的标签就完全抛之脑后，于是各种搞怪的COSPLAY和沿途互动就更加猖狂，爱猎奇的跑友一定要亲临才能切实感受。

清迈马拉松 | 时间：12月份，泰国

想出境跑个马拉松，又预算有限，那么东南亚的赛事一定是个实惠满分的选择，于是泰国的清迈马拉松就成了很多人的推荐。相对容易的签证办理， 12月适宜的温

度，当地亲民的消费水平，语言又是相对普及的英语……当然最根本的，清迈本身就是魅力十足的神奇地域。它位于“千佛之国”的泰国，又因四面环山花草遍地得到“北国玫瑰”的美名，古老的寺院和精巧卓绝的宫殿在清迈随处可见，加上泰国90%的居民都信奉佛教，这片土地充满了佛教文化色彩和鲜明的风土人情。而很对国人胃口的正宗泰国各色美食，更是让国人愿意前往，各种泰式当地小吃绝对是让吃货们欲罢不能的向往。于是，在跑马拉松的名义下去清迈旅游，感觉也值回票价了。

跑者评价

我去过清迈，这个连空气都缓缓流动的小城，被称为“泰北玫瑰”，街上洋溢着幸福的味道。我跑过清迈马拉松，从黑漆漆的夜跑出好看的朝霞和日出。一直心存念想，清迈是个让人来了不想走，走了想再来的地方。

——跑者/rose

布达佩斯马拉松 | 时间：10月份，匈牙利

这是世界上唯一一个能经过两个联合国教科文组织世界遗产（安德拉什大街和布达城堡）的马拉松，也被BBC评为全球最美赛道。赛事80%的跑道都是沿着多瑙河畔奔跑，起点设在英雄广场，接着跑到安德拉什大街、国会大厦、大剧院等，然后是沿着多瑙河，在布达与佩斯这两个城市分别都有折返跑，在21公里处经过链子桥，23公里处经过国会大厦，29公里处进入玛格丽特岛，环岛跑一圈出来，沿着街道跑回终点赛切尼温泉，这样的赛道安排太吸引人了。

跑者评价

比赛结束后拿到赛会发的补给，好重，像一袋大米。里面有一张塑料披风，选手们都拿它铺在公园草坪上躺着拉伸晒太阳；还有半升罐装啤酒、色拉酱、牛奶、饮料

和水，各式能量棒，香蕉和点心。自己拉伸完后去做了按摩（赛事组委会安排），真到位，腿套和袜子都被脱掉，用薄荷膏推油，还有双人四手“联弹”的。

回想比赛过程，没太注意途中两个世界遗产，但整体回忆都是宽敞明亮的赛道，边上多瑙河波光粼粼，各式建筑风光旖旎。怪不得被CNN评为最美赛道马拉松。风光、美食还有热情观众，赛后“香艳”级的按摩，你不可错过。

——跑者/Jeffrey Pan

京都马拉松 | 时间：2月份，日本

京都作为日本历史最悠久的城市之一，两度蝉联全球TOP10最棒旅游城市冠军，数年雄踞日本国内最佳旅游地前三，其城市魅力可见一斑。最具传统日式风情的城市代表，最具历史积淀的文化重镇，日本国内拥有最多世界遗产的城市——这座城市的头衔也让这场马拉松更备受瞩目。从2012年起才开始举办的赛事，虽然马拉松历史不长，在东京马拉松的感召下京都马拉松的规格和服务也一样不差，甚至相较于东京要显得更有格调。比赛路线经过天龙寺、金阁寺等著名古刹，多处神社，沿着宁静的河流，踏过古朴的街道，在令人感动的美景中，也常见令人感动的鼓励的标语。比赛前后选手、大会工作人员和啦啦队成员等相关人士只要出示身份证明，就能免费享用料理和饮品，而且不限量，其中甚至还包括部分限定菜单（高级美食）。在服务细节上京都也一点不落人后，赛前博览会秩序井然，赛中一路微笑和专业的志愿者，再丰盛不过的赛道补给（包括当地民众自发提供的沿街补给），一路鼓励的标语和此起彼伏的加油声，终点处贴心的按摩服务。

跑者评价

京都马拉松的存衣车醒目的出现在眼前，不仅每台车的数字标号大到惊人，还全部横向开放，多口排列。我跑了好几十个国内马拉松，全部都是大巴车头或者车身上

贴一个咪咪小的数字标，不到标示跟前绝对看不清，也只开放车门一个接包的口，所以人一多就特别慢。

比赛中感觉全京都的人，不是做志愿者，就是来加油了。一座寺庙大门就在赛道边，于是，号称几百个和尚都出来加油了。补给方面也是很细致周到，赤豆馅的小面包，有体贴地切成四分之一的，也有帅气地直接给一个的，货源十分充足。各路补给丰富。一路上自动体外除颤仪（AED）很多，补给也越来越丰富。不禁想到国内的跑友会，只提供本俱乐部的跑友补给，基本不会主动给外人。感觉很快就到终点了，恋恋不舍，表演很精彩，加油很起劲。

—— 跑者/陈江华

巴塞罗那马拉松 | 时间：3月份，西班牙

1978年第一届的比赛名称是加泰罗尼亚马拉松，在2005年才改名为巴塞罗那马拉松。虽然巴塞罗那马拉松只是国际田联的铜标赛事，但赛事的服务可能要比国内的某些金标赛事还要出色。巴塞罗那马拉松的赛道被誉为“欧洲最具吸引力的马拉松赛道”，显然这一称号是从建筑艺术的角度来评判的——城区不但融合了古罗马风格和中世纪风格，更包含着许多魔幻的加泰罗尼亚现代主义风格以及20世纪的先驱者的作品，所以古代文明和现代文明的碰撞赋予了巴塞罗那马拉松奇幻之旅的魔力。

罗马马拉松 | 时间：4月份，意大利

俗话说条条大路通罗马，这句话也被罗马马拉松用作了宣传语。首届举办年份为1982年，它也是国际田联所认可的金标赛事之一。罗马马拉松的起点位于帝国大道，往前跑不久就到罗马七丘之一的坎培多里奥丘 。北部的历史景点也在比赛路线上，包括圣彼得大教堂、义大利广场 、罗马音乐厅、人民广场、纳沃纳广场等。赛程还会经过电影《罗马假日》中奥黛丽·赫本吃冰激凌的西班牙大台阶，以及气势磅礴的特莱

维喷泉，也就是著名的“许愿泉”，不妨考虑带枚硬币上赛道吧。

2. 国内必跑八大马拉松

北京马拉松 | 时间：9月份，北京

北京马拉松赛(以下简称北马赛)是有国际田径联合会(IAAF)认证，国际马拉松和公路跑协会(AIMS)备案的国际田联金标赛事。自2008年起连续六年获得国际田联路跑金标赛事的殊荣。该赛事于1981年开始举办，每年一届，原名北京国际马拉松赛，为与其他高水平马拉松赛接轨，2010年特更为现名。北京马拉松在线路设计上最大兼顾人文景观和赛道条件。赛道周边风景结合了古都神韵和现代都市风貌，令选手获得独特的中国式参赛体验。

跑者评价

北马，中国首马，出发前的合唱国歌，已是赛事最好的兴奋剂；在宽达16车道长安街奔跑，也许这就是你人生的唯一一次，向前走，跑过西三环西四环，走在学院路，仿佛回到了最纯美的大学时光，后面的虽然绕来绕去，30公里的你看到38公里那些痛苦的选手，只能自己加快脚步，让痛苦来的再晚一些，终于当你回到中轴线，胜利就在300米的前方，仿佛再多的痛苦都值得这一刻的荣耀。北马，我们年年约！

——跑者/程冉

上海国际马拉松 | 时间：11月份，上海

上海国际马拉松赛起始于1996年。2014年上海国际马拉松赛被授予金牌赛事称号。此前，“上马”已获2014国际田联路跑金标赛事称号。上海国际马拉松赛赛道贯

穿申城城市地标，其中途径怀旧气氛浓郁的复兴公园、万国建筑博览美誉的外滩、时尚动感的淮海路、风景旖旎的徐汇滨江等景点，令长跑爱好者在运动的同时饱览申城美景。上海国际马拉松赛是全市民健身节的一项重大活动，并与上海旅游节交相辉映，逐渐成为上海城市的一张名片和市民的节日。

跑者评价

已经连续参加了3年上马，在国内一众金标银标赛事中，上马可以说是体验最佳的一个。从报名、领装备，到赛前集结、补给提供，乃至终点冲线、领奖、疏导，一流的赛事服务和保障团队。上海用最佳服务迎接全世界的跑者。虽说近年来参赛名额是一票难求，但这就是上海的魅力啊。PS：首马上海的话，其他赛事的印象分可能会打折扣哦！

——跑者/卷卷

厦门国际马拉松丨时间：1月份，福建

厦门国际马拉松赛创办于2003年，2007年12月被国际田联评为“国际田联路跑金牌赛事”，与创办于1981年的北京马拉松赛成“一南一北、春秋交替”之势。厦门地处亚热带，四季如春，年平均气温20℃，空气质量优良，气温都在15—20℃之间，而且风和日丽，非常适合举办春季马拉松赛。

跑者评价

气氛最好的马拉松赛事之一，也是参赛人数最多的马拉松。作为每年第一场马拉松赛事，大多数跑者都不会作为PB赛事，一是很多跑者冬天训练的效果较差，同时几个大桥加上厦门湿热的天气，即使是寒冬1月也丝毫没有凉意。不过元旦节假日，以比赛名义去旅游还是非常不错的选择，毕竟这座美丽的海上花园城市，特有的闽南风

情还是蛮有吸引力的哦！

—— 跑者/顾怡雯

广州马拉松 | 时间：12月份，广东

广州马拉松赛事于2012年创办，每年的11月下旬在广州举办，2013年被中国田径协会评选为银牌赛事，2014年获得金牌赛事称号。广州马拉松赛道主要沿珠江两岸设置，集中展示了珠江两岸最具岭南特色的人文风情、最具羊城历史的风景名胜、最具时尚气息的文化潮流，被国际田联公认为是当今世界马拉松赛最美赛道之一。

无锡马拉松 | 时间：3月份，江苏

无锡马拉松赛道为环形设计，途经鼋头渚风景区、蠡湖之光百米高喷、十里芳径等无锡著名自然、人文景观和地标建筑，整条赛道成为融江南春色与现代化城市建筑为一体，有如“人在画中跑”，因此无锡马拉松也成为世界最美马拉松赛道之一。2014年获得“银牌赛事”之后，无锡马拉松再次升格，从众多赛事中脱颖而出，与北京马拉松、上海国际马拉松、厦门国际马拉松等老牌赛事一并获得了“金牌赛事”称号。

跑者评价

三年前，一次误打误撞的锡马体验，开启马拉松人生。初春江南，千里莺啼绿茵红，如痴如画的烟雨湖景，唯有锡马可以给予。锡马如初恋，若可以，我愿意一直跑下去。

—— 跑者/曹春宇

深圳大鹏新年马拉松 | 时间：1月份，深圳

大鹏新年马拉松，每年一月一日在具有“桃花源”之称的中国深圳大鹏半岛举办，以仅3年的积累成就，跻身“五星级跑者体验”赛事。赛事以“乐跑迎新年”为主题，不设奖金、不以追求成绩为办赛目的，真正让参赛者感受到跑出健康、跑出快

乐、跑出友谊的“乐跑”精神。除全程马拉松外，也为来观赛的全马选手家属特设亲子赛，以享受全家一同奔跑的幸福。马拉松赛道途经700年历史的大鹏所城、万科浪骑游艇会、大鹏湿地公园、杨梅坑度假村、鹿咀山庄等自然人文景观，山海大鹏尽收眼底，堪称中国最美的山海跑道。

重庆国际马拉松 | 时间：3月份，重庆

重庆国际马拉松赛起源于2009年的南滨路万人健步走活动，2010年6月，重庆市体育局、南岸区人民政府向国家体育总局田径运动管理中心提出设立重庆马拉松赛并得到批准，从而使重庆马拉松赛纳入了全国马拉松赛统一安排，并确定每年3月份的第三个周末举行。2012年成功升级为国际赛事。重庆国际马拉松赛在素有“重庆名片”之称的重庆南滨路举行，比赛线路设在沿长江母亲河举办，国内尚属首次。比赛起、终点设在重庆南滨公园，比赛线路平均海拔高度190—200米，平均坡度10度以下。

跑者评价

第一次去“山城”重庆，觉得这个城市的马拉松该怎么跑，一定全是坡，实际上重马的赛道却相对平坦，起终点位于南滨公园，全程沿长江江畔，所以整体赛道比较平坦，但想要PB还是有点难度。重马作为奥运会选拔赛第一站，同样吸引国内马拉松专业运动员的参与。作为国内比较早的马拉松赛事之一，整体赛事组织和服务也相对较为成熟，起点终点秩序井然。印象最深的是沿途的重庆当地群众，操着西南口音“前进、前进”为跑者加油呐喊。久负盛名的重庆火锅、靓丽的重庆妹子，阳春三月的“火锅马”值得体验。

—— 跑者/顾怡雯

武汉马拉松 | 时间：4月份，武汉

首届武汉马拉松于2016年4月10日举行。在资深跑者的眼里，武汉马拉松的组织

和服务超过有很多年资历的马拉松。全程马拉松起点设在汉口江滩，途经长江大桥、黄鹤楼、辛亥革命博物馆、武汉大学等，终点是武汉欢乐谷，集中展示了城市特色。安保方面，动员各方力量达2.68万人，超过2万比赛人数，密集布局了地面、空中、水面、地下全方位立体式安保。在志愿者和医疗服务上，赛事一共有4287名志愿者，300名裁判，600名医疗志愿者，还有大批的专业医生等。食物补给科学、充分以及取包快等服务细节都得到了参赛者的认可。

跑者评价

武汉的马拉松2016年举办了一场惊艳的赛事，首届武汉马拉松用无数个国内首创感动了两万跑友，更被跑友赞誉为白金级赛事。

的确，武汉马拉松，不愧为最有诚意的赛道！武汉，地处长江和汉水交汇之处，包括汉口、汉阳和武昌三镇。武汉马拉松的赛道设计很花心思，整个线路纵贯武汉三镇，涵盖了武汉最优质的自然景观和人文景观，一城两江三镇四桥五湖，跑完汉马全程即令你阅尽大江、大湖、大武汉。

从位于汉口江滩的武汉科技馆开始，途径江汉关、龙王庙，晴川阁，长江大桥，铁门关，龟山，黄鹤楼，武大、汉街，东湖，欢乐谷，基本上武汉的重要景点，全部都经过了。桥之壮、江之阔、湖之秀，让你全程在豪迈与婉约的画风中流转。

虽然赛道因桥多增加了难度，但武汉马拉松用它的真诚和热情，让跑友安心和舒心。就连我这个跑龄不足半年的菜鸟都在沿途热情的观众和丰富多彩的啦啦队的加油声中，不知不觉地跑过晴川桥、长江大桥、沙湖大桥也没觉得太累。

的确，武汉马拉松用最高等级的安保、最细致贴心的服务、最充足的补给和医疗保障给两万跑者搭建了一个即刻点燃你激情的舞台，令你由衷感觉到这一天你就是这个城市最尊贵的主角。

—— 跑者/韩韩

PART 4 跑步APP/跑团公众号

1. 跑步APP

咕咚

咕咚是全民运动社交平台，国内颠覆用户传统运动观念的倡导者和先行者。目前咕咚用户数量已超过6000万，每天需要响应来自全球87个国家的数千万次运动需求。根据《乐视体育研究报告》显示，2015年咕咚的市场占有率超50%以上。作为最早上架的国产运动记录App之一，咕咚运动凭借简单易用的界面以及一系列相关健康智能穿戴产品，吸引了极其可观的用户群体。

咕咚下载二维码

悦跑圈

广州悦跑信息科技有限公司是一家专注于通过移动互联网应用组织跑步社交运动和线下赛事活动的公司。截至2016年，用户总数突破2000万，同时举办超过100场线下活动和赛事，覆盖全国50多座城市。

悦跑圈下载二维码

郁金香运动

郁金香运动是由跑步骑行还玩铁三的技术团队(北京拉邦软件有限公司)全情打造

的一款运动app。郁金香代表开朗、活泼、努力、顽强、全情投入、绽放，他们希望以此宗旨为运动爱好者们提供一个橙色运动社区。

郁金香下载二维码

Nike+Run Club

Nike+Run Club是一个专业指导的APP，帮助运动者顺利达成目标，体验跑步带来的更多乐趣。这款app将跑步和分享两个简单功能做到了极致，并没有涉及太多充斥着术语和概念的复杂训练方法。对于耐克的目标用户来说，这个定位无疑是成功的。

Endomondo

Endomondo 是一款老牌运动app，支持大部分的主流手机系统，在很多有经验的跑友中有口皆碑。它成立于2008年，创始人是3个麦肯锡的咨询顾问。

2. 跑团公众号

爱燃烧——专业中文跑步运动社区

微信号：iranshao

爱燃烧为您提供最新最全的比赛、装备、训练资讯，最便捷的比赛报名、计时、照片及成绩查询，您的运动健康第一站。

跑步学院——专业跑步知识类公众号

微信号：paobuxueyuan

微信号的定位是推广跑步文化，除了分享“姿势跑法”的各种文章和训练技巧之外，平台还分享与跑步有关的游泳、骑行、铁三等运动知识。

中国马拉松——中国田径协会马拉松频道官方公众号

微信名称：ChinaMarathon

关注中国田径协会马拉松频道，即时收取全国马拉松及相关运动赛事信息。

跑步者说——各种激励人心的跑者故事

微信号：runnersaid

作为跑步爱好者社群，跑步者说汇聚了以企业高管、白领、运动达人等中高端人群为主。跑步者说发起的“百人百天”活动持续进行中，目标是在3年时间内让100万人爱上跑步。

虎扑跑步——跑者故事/跑步资讯应有尽有

微信号码：hupupb

每日分享跑步、健身、减肥的文章，是运动爱好者都爱关注的微信公众号。

PART 5 2018年全球部分马拉松赛事表*

赛事名称	国家/地区	比赛时间	CAA	IAAF	AIMS
一月					
深圳大鹏新年马拉松	中国深圳	1月1日			
厦门国际马拉松	中国厦门	1月7日	金牌	金标	✓
海口马拉松	中国海口	1月14日			
香港马拉松	中国香港	1月21日			
二月					
冲绳马拉松	日本冲绳	2月18日			
东京马拉松	日本东京	2月25日		金标	✓
海南（三亚）国际马拉松	中国三亚	2月下旬			
日本琵琶湖马拉松	日本大津	2月25日			
昆明高原国际半程马拉松	中国昆明	2月底	银牌		
三月					
北京鸟巢半程马拉松	中国北京	3月1日			
名古屋女子马拉松	日本名古屋	3月11日		金标	✓
巴塞罗那马拉松	西班牙巴塞罗那	3月11日			
洛杉矶马拉松	美国洛杉矶	3月18日			
首尔国际马拉松	韩国首尔	3月18日		金标	✓
成都双遗马拉松	中国成都	3月中下旬			
无锡国际马拉松	中国无锡	3月中下旬	金牌		✓
清远国际马拉松	中国清远	3月中下旬			
郑开国际马拉松	中国郑州	3月25日	银牌		
苏州金鸡湖半程马拉松	中国苏州	3月中下旬	银牌		
重庆国际马拉松	中国重庆	3月25日	金牌	银标	✓
四月					
布拉格半程马拉松	捷克布拉格	4月7日			
杨凌农科城国际马拉松	中国杨凌	4月上旬	铜牌		

续表

赛事名称	国家/地区	比赛时间	CAA	IAAF	AIMS
横店国际马拉松	中国横店	4月上旬			
武汉马拉松	中国武汉	4月上旬			
徐州国际马拉松	中国徐州	4月上旬			
大邱国际马拉松	韩国大邱	4月上旬			
鹿特丹马拉松	荷兰鹿特丹	4月上旬		金标	✓
平壤马拉松	朝鲜平壤	4月8日			
罗马马拉松	意大利罗马	4月上旬		金标	✓
巴黎马拉松	法国巴黎	4月8日		金标	✓
伊斯坦布尔半程马拉松	土耳其伊斯坦布尔	4月中旬			
波士顿马拉松	美国波士顿	4月16日		金标	✓
伦敦马拉松	英国伦敦	4月22日		金标	✓
马德里马拉松	西班牙马德里	4月22日			
维也纳城市马拉松	奥地利维也纳	4月22日			
岐阜半程马拉松	日本岐阜	4月22日			
杜塞尔多夫马拉松	德国杜塞尔多夫	4月下旬		金标	✓
上海国际半程马拉松	中国上海	4月下旬			
泰山国际马拉松	中国泰安	4月下旬			
扬州国际半程马拉松	中国扬州	4月下旬	金牌	金标	✓
天津国际马拉松	中国天津	4月下旬			
上海崇明国际马拉松	中国上海	4月下旬			
五月					
布拉格马拉松	捷克布拉格	5月6日		金标	✓
温哥华马拉松	加拿大温哥华	5月6日			
东营马拉松	中国东营	5月上旬	金牌		
秦皇岛国际马拉松	中国秦皇岛	5月中旬	银牌		
营口鲅鱼圈国际马拉松	中国营口	5月中旬	银牌		
大连国际马拉松	中国大连	5月中旬	银牌		
天津黄崖关马拉松	中国天津	5月下旬			
长春马拉松	中国长春	5月下旬			
大理马拉松	中国大理	5月下旬			
渥太华马拉松	加拿大渥太华	5月下旬		金标	✓
六月					
兰州国际马拉松	中国兰州	6月中旬	金牌	银标	✓
长春马拉松	中国长春	6月下旬			

续表

赛事名称	国家/地区	比赛时间	CAA	IAAF	AIMS
七月					
黄金海岸马拉松	澳大利亚黄金海岸	7月1日			
张家口康宝草原马拉松	中国张家口	7月下旬	铜牌		
贵阳国际马拉松	中国贵州	7月下旬	铜牌		
凉都六盘水马拉松	中国六盘水	7月下旬	金牌		
旧金山马拉松	美国旧金山	7月22日			
八月					
吴哥王朝马拉松	柬埔寨暹粒	8月上旬			
哈尔滨国际马拉松	中国哈尔滨	8月下旬			
鄂尔多斯国际马拉松	中国鄂尔多斯	8月下旬			
九月					
乌兰察布国际半程马拉松	中国乌兰察布	9月上旬	铜牌		
和龙国际半程马拉松	中国和龙	9月上旬	银牌		
太原国际马拉松	中国太原	9月上旬	金牌	铜标	√
盘锦红海滩国际马拉松	中国盘锦	9月上旬	铜牌		
波尔多梅多克马拉松	法国波尔多	9月上旬			
西安城墙国际马拉松	中国西安	9月中旬			
北京国际马拉松	中国北京	9月中旬	金牌	金标	√
悉尼马拉松	澳大利亚悉尼	9月中旬			
柏林马拉松	德国柏林	9月16日		金标	√
成都马拉松	中国成都	9月下旬			
日照马拉松	中国日照	9月下旬			
衡水湖国际马拉松	中国衡水	9月下旬	金牌		
贵州镇宁黄果树半程马拉松	中国贵州	9月下旬	铜牌		
沈阳马拉松	中国沈阳	9月下旬	铜牌		
十月					
都灵马拉松	意大利都灵	10月初		金标	√
芝加哥马拉松	美国芝加哥	10月7日		金标	√
云南水富国际半程马拉松	中国昭通	10月中旬	银牌		
镇江马拉松	中国镇江	10月中旬	铜牌		
多伦多海滨马拉松	加拿大多伦多	10月中旬		金标	√
南京马拉松	中国南京	10月中旬	铜牌		
武夷山国际马拉松	中国武夷山	10月下旬			
清迈马拉松	泰国清迈	10月下旬			
连云港马拉松	中国连云港	10月下旬			

续表

赛事名称	国家/地区	比赛时间	CAA	IAAF	AIMS
长沙马拉松	中国长沙	10月下旬	铜牌		
阿姆斯特丹马拉松	荷兰阿姆斯特丹	10月21日		金标	√
贵州雷公山超100公里国际马拉松	中国贵州	10月下旬	金牌		
法兰克福马拉松	德国法兰克福	10月下旬		金标	√
春川国际马拉松	韩国春川	10月下旬		金标	√
宁波国际马拉松	中国宁波	10月下旬	铜牌		
海口国际沙滩马拉松	中国海口	10月下旬	银牌		
海军陆战队马拉松	美国华盛顿	10月下旬			
十一月					
西昌邛海湿地国际马拉松赛	中国西昌	11月上旬	银牌		
青岛马拉松	中国青岛	11月上旬			
杭州国际马拉松	中国杭州	11月上旬	金牌	铜标	√
纽约马拉松	美国纽约	11月4日		金标	√
土耳其伊斯坦布尔马拉松	土耳其伊斯坦布尔	11月中旬		金标	√
绍兴国际马拉松	中国绍兴	11月中旬			
台州国际马拉松	中国台州	11月中旬	铜牌		
合肥国际马拉松	中国合肥	11月中旬	银牌		
上海国际马拉松	中国上海	11月中旬	金牌	金标	√
镇江国际马拉松	中国镇江	11月下旬			
深圳南山半程马拉松	中国深圳	11月下旬	铜牌		
千岛湖马拉松	中国杭州	11月下旬	铜牌		
桂林国际马拉松	中国桂林	11月下旬			
十二月					
南宁国际半程马拉松	中国南宁	12月上旬	银牌		
渣打新加坡马拉松	新加坡	12月上旬		金标	√
深圳马拉松	中国深圳	12月中旬	金牌		
广州马拉松	中国广州	12月中旬	金牌	铜标	√
苏州太湖国际马拉松	中国苏州	12月中旬	铜牌		
海南儋州国际马拉松	中国儋州	12月中旬	银牌		
火奴鲁鲁马拉松	美国夏威夷	12月中旬			
台北马拉松	中国台北	12月中旬			
福州国际马拉松	中国福州	12月下旬	铜牌		

注：CAA中国田径协会认证赛事
IAAF国际田径联会
AIMS国际马拉松及国际马拉松路跑协会
*由于2018年的很多马拉松赛事未确定日期，部分赛事为预估日期（参考2017年）

索 引

附录

“马拉松人人都可以”问卷调查表

1. 您的姓名?

2. 您的性别?

○男

○女

3. 您目前的职业?

○在校学生

○企业管理者或政府/机关干部/公务员（包括基层及中高层管理者）

○普通职员（办公室/写字楼工作人员）

○专业人员（如医生/律师/文体/记者/老师等）

○普通工作（如工厂工人/体力劳动者等）

○自由职业者

○退休

○其他

4. 您坚持跑步多久了?

○1个月以内　○3个月以内　○6个月以内
○1年以内　○2年以内　○3年以内
○5年以内　○5年以上

5. 您认为马拉松运动可以带来什么益处?

○减重
○减压
○改善体质
○增添快乐
○增加自信
○丰富社交
○提高活力
○改善生活习惯（改掉抽烟、酗酒、熬夜等不良习惯）
○挑战自我

6. 您参加马拉松运动的目的是什么?

○挑战自我
○获得成就感
○跟随时尚
○顺便去赛事举办地旅游
○丰富社交
○检验自己的跑步成绩或追求PB
○带动周围的人一起加入跑步
○收集奖牌
○积累比赛数量
○接受别人羡慕的目光
○占领微信运动封面
○晒朋友圈

7. 您每个月的跑量是多少?

○10公里以内

○20公里以内

○50公里以内

○100公里以内

○150公里以内

○200公里以内

○201公里以内

8. 您的平均配速是多少?

○340以内

○400以内

○400—430

○430—500

○500—515

○515—530

○530—545

○545—600

○600—615

○615—630

○630—700

○700以上

9. 您是否有专门的跑步训练?

跑步训练包括专门的间歇跑、变速跑、LSD等

○是

○否

9.1 您每个月进行几次间歇跑?

○1—2次

○3—4次

○5—6次

○6次以上

9.2 您每个朋进行几次“亚索800”训练?

○1—2次

○3—4次

○5次及以上

9.3 您每个月进行几次配速跑?

○1—3次

○4—7次

○8—10次

○10次以上

10. 您是否进行核心力量训练？

○是

○否

10.1 您进行的是动态核心训练还是静态核心训练？

○动态核心训练

○静态核心训练

○两者都进行

10.2 您参加核心训练的次数是多少？

	每周1次	每周2次	每周3次及以上
动态核心训练的次数	○	○	○
静态核心训练的次数	○	○	○

11. 您是否进行力量训练？

○是

○否

11.1 您进行力量训练的频率是多少？

	不进行	每周1次	每周2—3次	每周3次以上
上肢力量训练	○	○	○	○
下肢力量训练	○	○	○	○
腰腹力量训练	○	○	○	○

12. 您是否进行交叉训练?

○是

○否

12.1 您参加交叉训练的频率是多少?

	0次	每周1次	每周2次	每周3次	每周3次以上
游泳	○	○	○	○	○
骑行	○	○	○	○	○
足球或篮球	○	○	○	○	○
羽毛球、网球或乒乓球	○	○	○	○	○
瑜伽	○	○	○	○	○
跆拳道	○	○	○	○	○
武术	○	○	○	○	○
其他	○	○	○	○	○

13. 跑步前，您是否进行热身运动?

○是，每次都热身

○偶尔会跑前热身

○不进行跑前热身

13.1 您的热身活动有哪些?

○慢跑

○拉伸

○动作肌肉激活

○简单力量练习

14. 您平时是否有训练计划?

○有

○无

15. 您参加马拉松比赛前是否有赛前训练计划?

○有

○无

15.1 您跑前一周的计划中包含哪些方面?

○跑步训练

○饮食安排

○作息安排

○其他计划安排

16. 您是否有专业的教练指导?

○是

○否

17. 您是否参加跑团训练?

有专人带领训练的跑团

○是

○否

18. 马拉松比赛的各个因素，您的关心程度顺序如何?

○赛道情况

○道路标识情况

○厕所安排及数量情况

○补给安排及数量情况

○医疗救援情况

○报名

○完赛服务

○赛事信息通知（包括成绩查询）

19. 您是否了解跑步运动的相关损伤?

○是

○否

20. 您遇到过哪些跑步损伤?

○髂胫束综合征

○足底筋膜炎

○跟腱炎

○肌肉痉挛

○水泡

○肌肉拉伤

○过度训练

○踝扭伤

○胫骨骨膜炎

○鹅足腱损伤（膝内侧）

○脚趾甲脱落或甲内充血

○延迟性肌肉酸痛

○岔气

○其他

21. 您受伤后如何处理？

○直接去医院

○去找运动防护师（包括医院的运动医学门诊）

○自行处理

○忍着，不做处理

○其他

22. 通常情况下，您参加马拉松（包括半程）的目标是什么？

○完成比赛

○创造PB

○有一定的完赛成绩目标

○其他（陪跑或者作为官方配速员）

23. 您是否会在比赛中拾跑步补给品？

○是

○否

23.1 您拾的跑步补给品包括哪些?

○能量胶或能量棒

○水或者运动饮料

○盐丸

○其他补给食品

24. 您参加比赛过程中“兔子”的安排如何?

○跟随“官兔”

○跟随“私人兔子”

○随意跟随

○完全自己跑，不跟随

25. 您参加比赛过程中配速的安排如何?

○前快后慢

○前慢后快

○匀速

○随意配速

26. 您参加比赛过程中的补给来源是哪个?

○自带补给

○官方补给站

○私人补给站

27. 您在比赛中遇到过哪些情况?

○抽筋

○腹痛

○肌肉酸痛

○休克

○低血糖

○中暑

○脱水

○崴脚

○撞墙（无法完成比赛或极其艰难完成最后一段距离）

○心脏相关疾病

○岔气

○其他

28. 通常情况下，您完赛后身体状态如何?

○僵硬

○疲惫

○发冷

○饥饿

○较为轻松

○无力，身体发软

29. 您完赛当天是否会安排身体恢复及疲劳消除?

○是

○否

29.1 您完赛当天会采取哪些恢复身体和疲劳消除手段?

○拉伸

○按摩

○冰敷

○能量及营养补充

30. 赛后的一周，您是否会有专门的恢复计划?

○有

○无

30.1 赛后一周内，您通常会采取哪些身体恢复和疲劳消除手段?

○按摩

○拉伸

○放松跑

○交叉训练恢复（游泳、骑行等）

31. 您是否有放弃比赛的经历?

○有

○无

31.1 您放弃比赛的原因是什么?

○伤痛复发

○过度疲劳

○意外

○身体不适

32. 您最喜欢的一个马拉松赛事是哪个?

33. 您最讨厌的一个马拉松赛事是哪个?

34. 您第一次全马成绩是多少?

35. 您第一次半马成绩是多少?

36. 您个人全马最佳成绩是多少?

扫码可见“马拉松人人都可以跑”网上调查问卷

图书在版编目(CIP)数据

马拉松人人都可以：全新修订版/丁祖昱等著. —
上海:上海人民出版社,2017
ISBN 978 - 7 - 208 - 14880 - 2

Ⅰ. ①马… Ⅱ. ①丁… Ⅲ. ①马拉松跑-运动训练-
基本知识 Ⅳ. ①G822.82

中国版本图书馆 CIP 数据核字(2017)第 270772 号

责任编辑 李 莹
装帧设计 夏 芳

马拉松人人都可以(全新修订版)
丁祖昱 等著
世 纪 出 版 集 团
上海人民出版社出版
(200001 上海福建中路 193 号 www.ewen.co)
世纪出版集团发行中心发行 上海中华印刷有限公司印刷
开本 720×1000 1/16 印张 16.25 插页 2 字数 222,000
2017 年 12 月第 1 版 2017 年 12 月第 1 次印刷
ISBN 978 - 7 - 208 - 14880 - 2/G·1875
定价 68.00 元